MW01707048

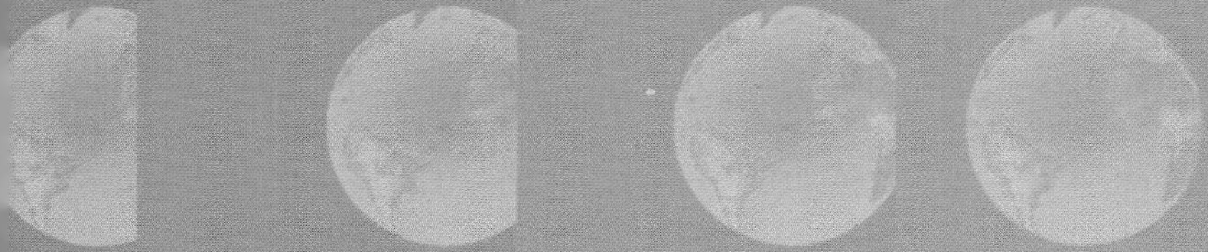

Philippe Schuwer et Dan Grisewood

ont créé cette collection.

Steve Parker a écrit ce livre.

Éric Martin l'a traduit, avec les conseils de Brian Williams,

de Barbara Reseigh et de Denys Prache.

Camilla Hallinan et Odette Dénommée ont coordonné l'édition.

Brihton Illustration Agency, Kuo Kang Chen, Nick Hawken

Barbara Lofthouse, Shirley Mallinson, Denis Ryan,

Stephen Seymour, John Spires et Graham White ont illustré ce livre

d'après une maquette de Pinpoint Design Cie.

Anne Thomas a assuré le secrétariat d'édition,

Annie Botrel la fabrication,

Isabelle Dupré et Françoise Moulard la correction.

Ma Première ENCYCLOPÉDIE

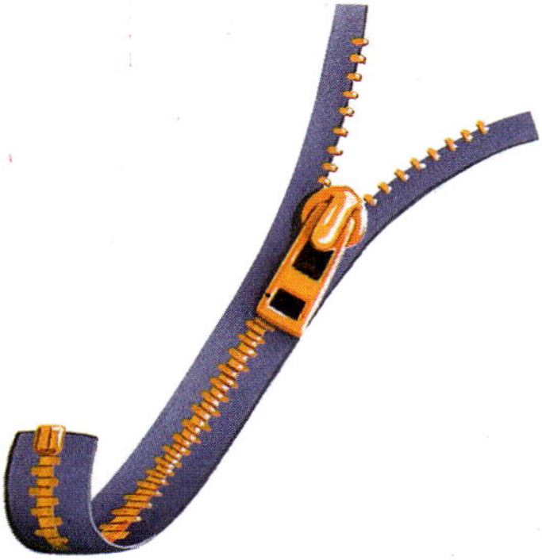

© Larousse 2006 pour la présente édition
© Larousse 1992 pour la 1re édition. Tous droits réservés.
Toute reproduction, par quelque procédé que ce soit,
de la nomenclature contenue dans le présent ouvrage
et qui est la propriété de l'Éditeur,
est strictement interdite.
ISBN : 978-2-03-565104-4
Composé par SCP, Bordeaux.
Photogravé par Scantrans Pte Ltd, Singapour.
Imprimé par Canale, (Roumanie)
Dépôt légal : janvier 2009
N° de projet : 11008335

Comment c'est fait ?

LAROUSSE

Entrons dans ce livre

À TOUR DE ROUES

Fabriquer un objet 12
Concevoir un vélo 14
Les pièces d'un vélo 16
Fabriquer un vélo 18
Un vélo pour la vie 20

SE VÊTIR

Créer un vêtement 22
Du coton au jean 24
Un pull en laine 26
La soie 28
Les étiquettes 30
Matières plastiques 32
Un imperméable 34
Chaussures 36
Chaussures de sport 38
Une montre 40
Sais-tu que... 42

SE NOURRIR

À la ferme 44

Cacahuètes grillées 46
La culture du blé 48
À la boulangerie 50
Farines et pains 52
Les céréales 54
L'heure de la traite 56
À la laiterie 58
Les produits laitiers 60
Le thé 62
Boissons gazeuses 64
Les canettes 66
L'emballage 68
Le poisson pané 70
Sais-tu que... 72

LES OBJETS FAMILIERS

Le bois 74
La menuiserie 76
Une chaise 78
De quoi est fait un crayon 80
Fabriquer un crayon 82
Une usine à papier 84

Matériaux recyclés 86
La verrerie 88
Le souffleur 90
La poterie 92
Silence, on tourne ! 94
Au studio de télévision 96
La pâte dentifrice 98
Sais-tu que... 100

ÉCHANGER... HABITER

Les timbres-poste 102
La monnaie 104
Frapper monnaie 106
D'autres pièces 107
Une voiture 108
Une chaîne de montage 110
Les monteurs 112
Un gratte-ciel 114
Un chantier 116
Qui l'a fait ? 118
Sais-tu que... 120

Cherchons de A à Z 121-125

À tour

de roues

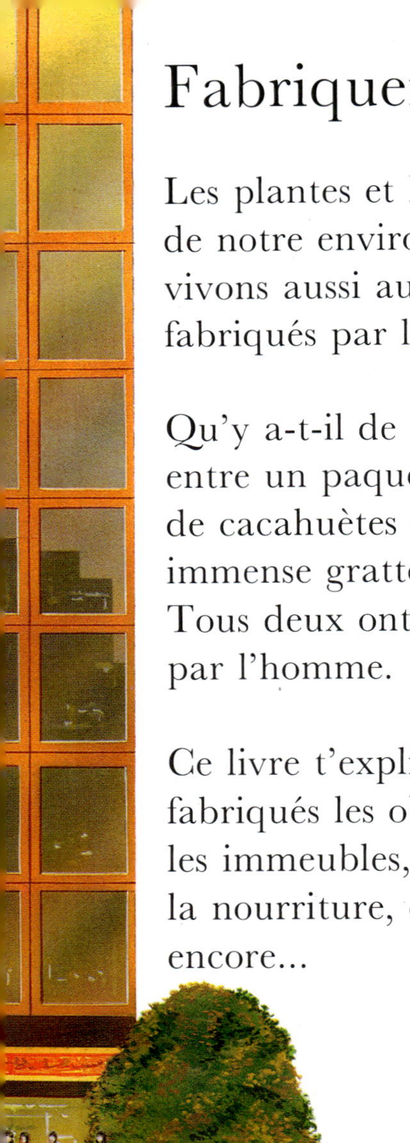

Fabriquer un objet

Les plantes et les animaux font partie de notre environnement. Mais nous vivons aussi au milieu d'objets fabriqués par l'homme.

Qu'y a-t-il de commun entre un paquet de cacahuètes et un immense gratte-ciel ? Tous deux ont été faits par l'homme.

Ce livre t'explique comment sont fabriqués les objets qui t'entourent, les immeubles, les vêtements, la nourriture, et bien d'autres choses encore...

Chaque objet est fait d'une façon particulière.

Certains sont fabriqués dans des usines, à l'aide de machines et de robots. D'autres sont réalisés par des artisans avec des outils plus simples. Mais, quelle que soit la façon de travailler, il faut toujours :

dessiner l'objet,

choisir les matériaux,

se servir d'outils
ou de machines,

tester la qualité
d'un produit.

Concevoir un vélo

Plusieurs personnes participent à la conception d'un vélo.

Pour que son produit soit bien adapté, le fabricant fait appel à des enquêteurs qui cherchent à connaître les besoins des jeunes.

Des ingénieurs conçoivent d'un point de vue technique le nouveau vélo ; les couleurs, elles, sont choisies par des designers.

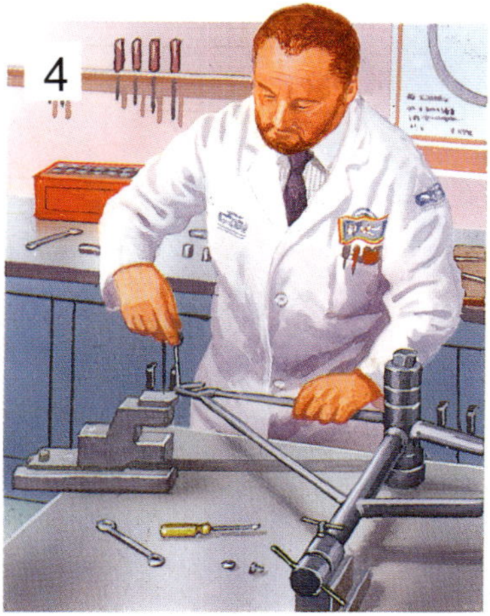

Si le fabricant est satisfait du projet, un modèle est réalisé à la main.

Ce modèle est appelé « prototype ». Il donne une idée précise de ce que sera le futur vélo.

Chaque prototype est ensuite testé. S'il fonctionne correctement, le fabricant décide de le produire en série.

Les pièces d'un vélo

Un vélo est fait de centaines de pièces fabriquées avec différents matériaux.

Ces pièces sont fabriquées dans les usines du monde entier.

Fabriquer un vélo

Les différents matériaux arrivent à l'usine.

Pour fabriquer le cadre, des machines découpent des tubes d'acier, cintrés ensuite.

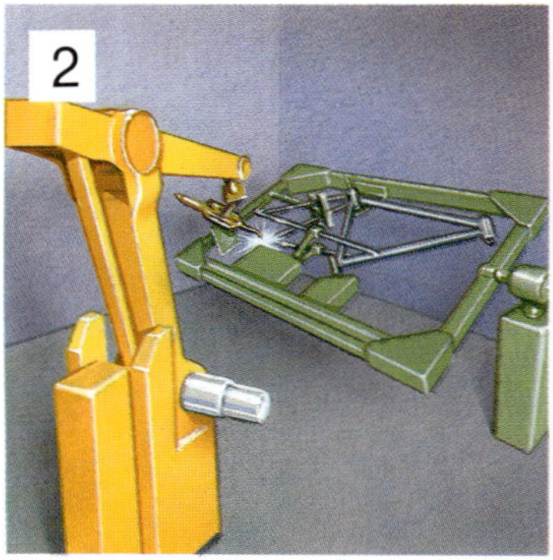

Dans l'atelier de soudure, une machine soude les tubes d'acier avec du métal fondu. Lorsqu'il refroidit, ce métal durcit, fixant ainsi les différentes parties du cadre les unes aux autres.

Puis, le cadre est peint. Une machine fixe les rayons au moyeu des roues. La jante et le pneu sont ensuite montés.

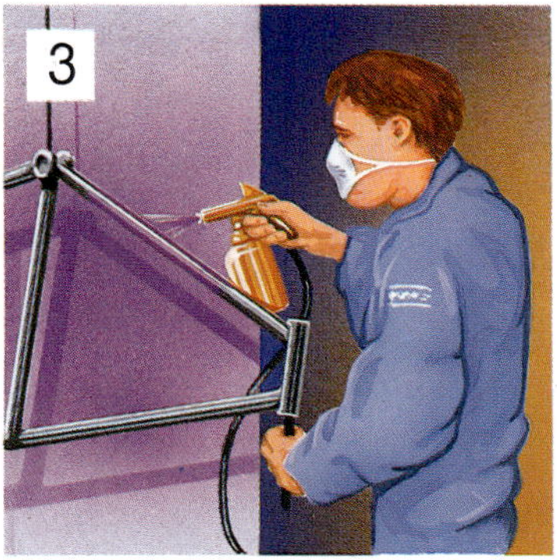

Les autres pièces du vélo sont assemblées sur une chaîne de montage par des ouvriers. Les uns fixent les fourches et les roues au cadre ; d'autres se chargent de monter le guidon.

Un vélo pour la vie

Un vélo doit être facile à conduire et ne présenter aucun danger. Et puis il doit durer longtemps ! C'est pourquoi, avant la mise en vente, chaque prototype est testé.

Ce prototype est testé sur des cylindres dont la surface bosselée imite celle d'une route pavée. On le fait rouler à une vitesse de 40 km/h pendant 250 heures, soit 10 jours environ.

Se vêtir

Créer un vêtement

Les jeans peuvent être larges ou étroits
et ne sont pas tous de couleur bleue...
C'est le styliste qui dessine le modèle
et le modéliste qui réalise le prototype.

Une fois découpés, les patrons donnent
la forme des différentes pièces de tissu qui
composeront le vêtement. Les jeans sont
presque tous faits avec de la toile de coton.

Lorsqu'il est mûr, le fruit du cotonnier s'ouvre et libère des fibres blanches.

Aujourd'hui, les fermiers les récoltent avec des moissonneuses.

capsule du cotonnier ouverte

Du coton au jean

Une fois lavé, le coton est mis en balles.
À la filature, il est transformé en longs fils.

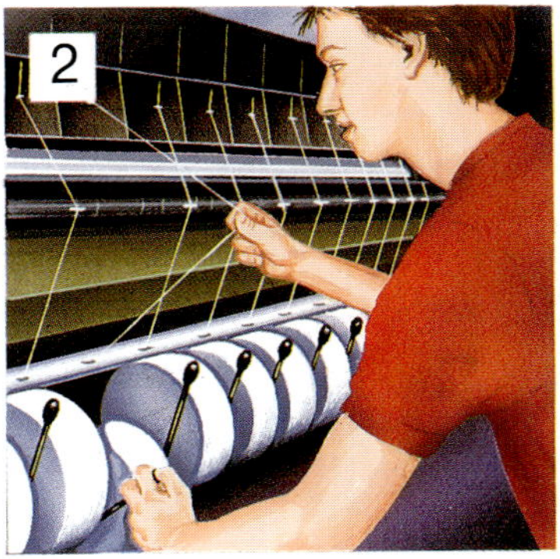

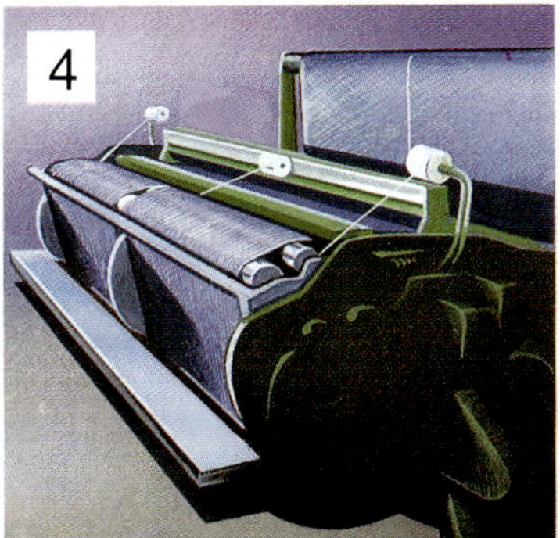

Après avoir été teints, les fils sont placés sur des métiers à tisser, où ils sont entrecroisés de manière à former un tissu.

Des lames très effilées permettent de couper plusieurs couches de toile à la fois en suivant le patron. Enfin, les pièces de tissu sont cousues.

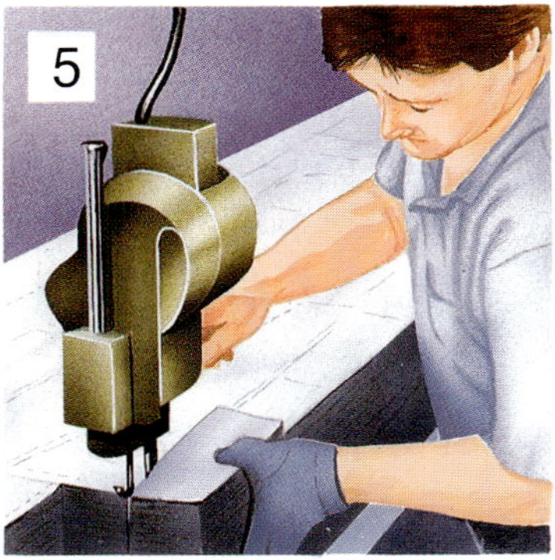

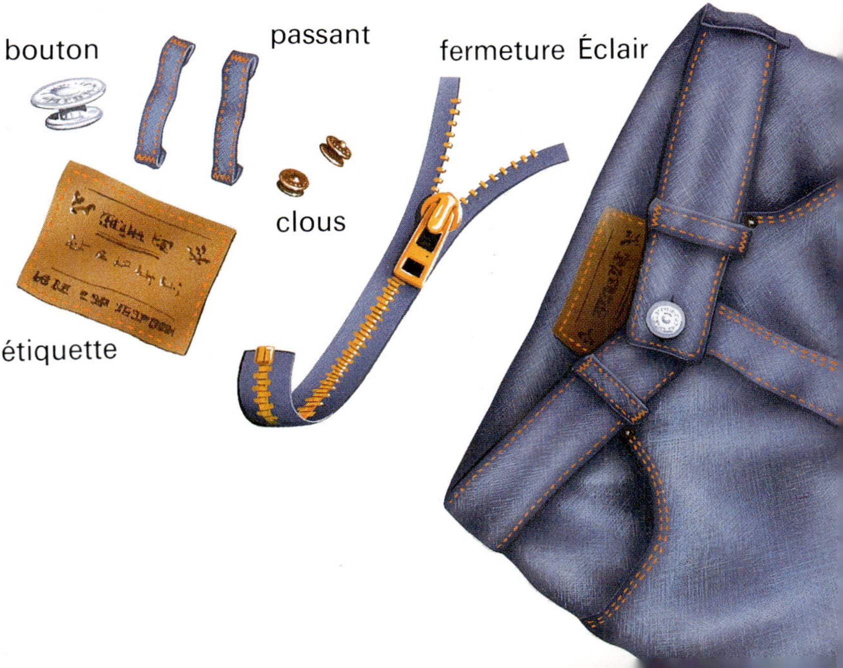

Un pull en laine

La laine de nos habits provient principalement du mouton, dont la toison est très épaisse.

La tonte du mouton est effectuée à l'aide d'une tondeuse électrique.

La tonte ne fait pas de mal au mouton, dont la toison repousse très vite.

La laine, une fois nettoyée, est filée.
Puis elle est teinte et roulée
en pelotes.

On achète des pelotes
pour faire du tricot.

Cette dame tricote
un pull. Grâce au
modèle, elle sait
combien de pelotes
elle doit utiliser, et quels
types d'aiguilles et de
mailles conviendront.

La soie

1 

ver à soie

La soie est un autre tissu d'origine animale. Elle vient du ver à soie, une chenille qui file un cocon autour d'elle, dont elle sort sous la forme d'un papillon.

Le fermier vend les cocons à une filature.

À l'usine, ils sont démêlés,
et leurs soies sont filées sur des dévidoirs.
Une fois teintes,
elles sont tissées sur des métiers.

ver à soie
en train de filer

cocon

papillon

Dans le monde entier, les plus beaux habits de gala sont souvent fabriqués en soie.

kimono japonais
porté à l'occasion
d'une cérémonie

sari d'une
danseuse
indienne

Les étiquettes

L'étiquette d'un produit peut en dire beaucoup sur sa fabrication.
Voici ce que tu peux voir sur celle d'un jean.

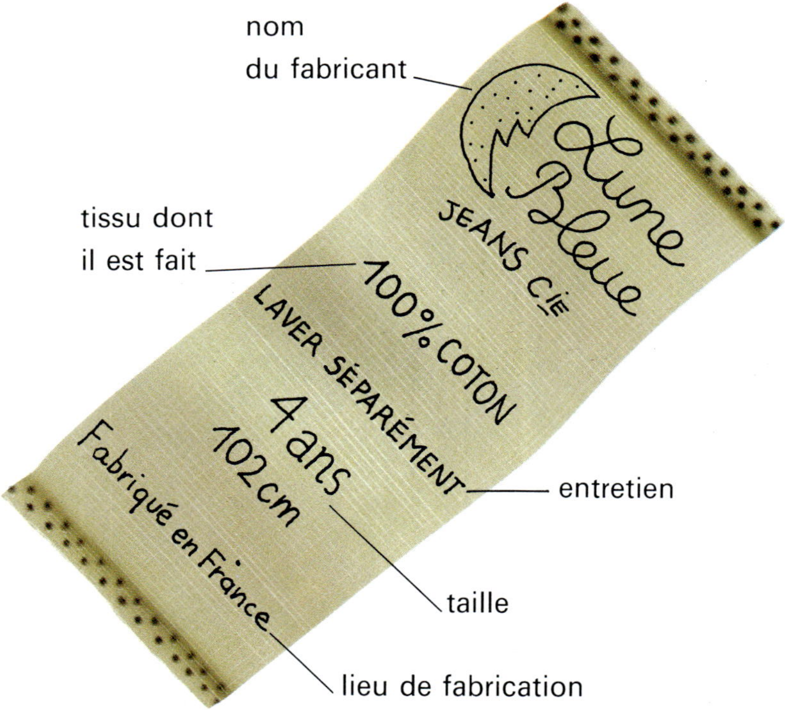

La place d'une étiquette dépend beaucoup de l'objet. Il faut savoir la chercher.

Observe bien ces étiquettes.

Matières plastiques

Des milliers d'objets sont en plastique, peut-être même certains de tes habits.

Le plastique est fait avec du pétrole, une matière première présente dans le sol. D'immenses derricks creusent des trous, d'où jaillit le pétrole. Celui-ci est ensuite transporté jusqu'à la raffinerie par oléoducs ou par pétroliers.

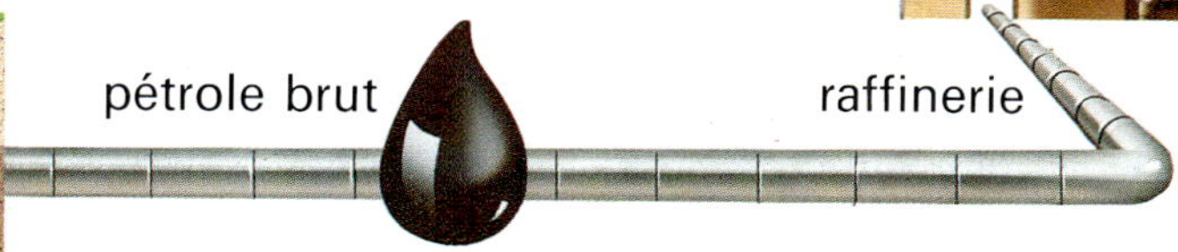

Le pétrole est chauffé de façon à séparer les substances chimiques qui le composent. Celles-ci serviront à produire essence et plastique.

Il existe plusieurs sortes de plastiques. Certains sont durs ; d'autres, mous. Le PVC est un plastique souple, tiré du pétrole brut et de sels.

Un imperméable

Le PVC en poudre est transporté jusqu'à l'usine de produits chimiques.

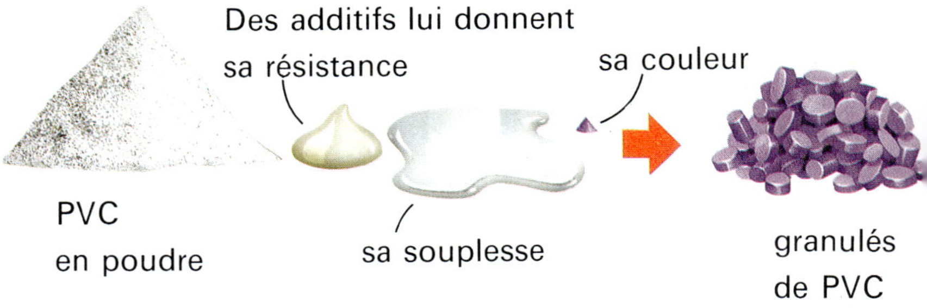

À l'usine, la poudre est mélangée à d'autres produits chimiques pour former des granulés. Ceux-ci sont ensuite vendus à d'autres usines, qui les transforment en biens de consommation, comme les cirés.

Les granulés sont tout d'abord fondus.

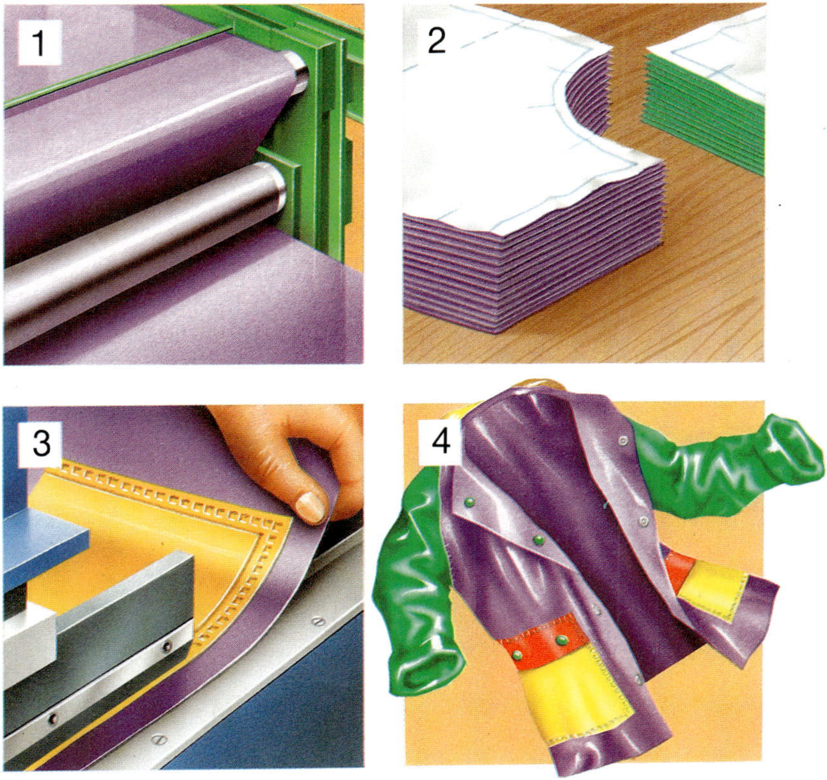

Le liquide passe entre des cylindres, d'où il sort sous forme d'une feuille mince. En refroidissant, cette feuille durcit, puis est découpée. Les pièces de l'imperméable ne sont pas cousues mais assemblées à chaud, à l'aide d'une presse.

Chaussures

Nous portons tous des chaussures différentes : chaussures de ville, de sport ou de danse, à lacets ou à boucles, en cuir ou en plastique...

Regarde les éléments dont se compose une chaussure de sport. Chacun porte un nom particulier.

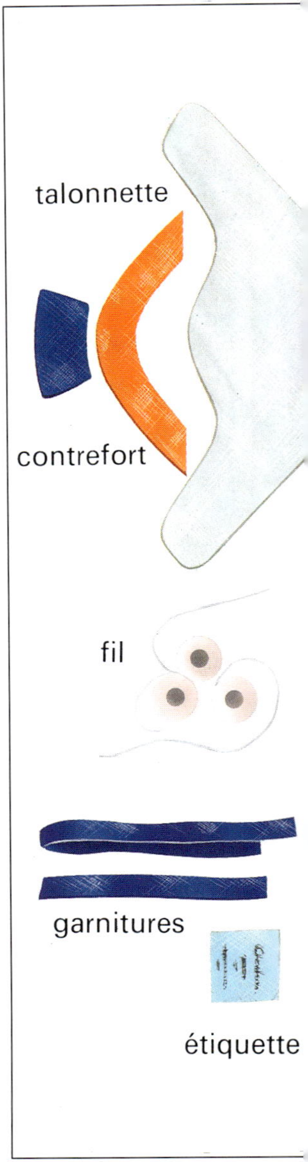

Le dessus de la chaussure s'appelle la « tige ».

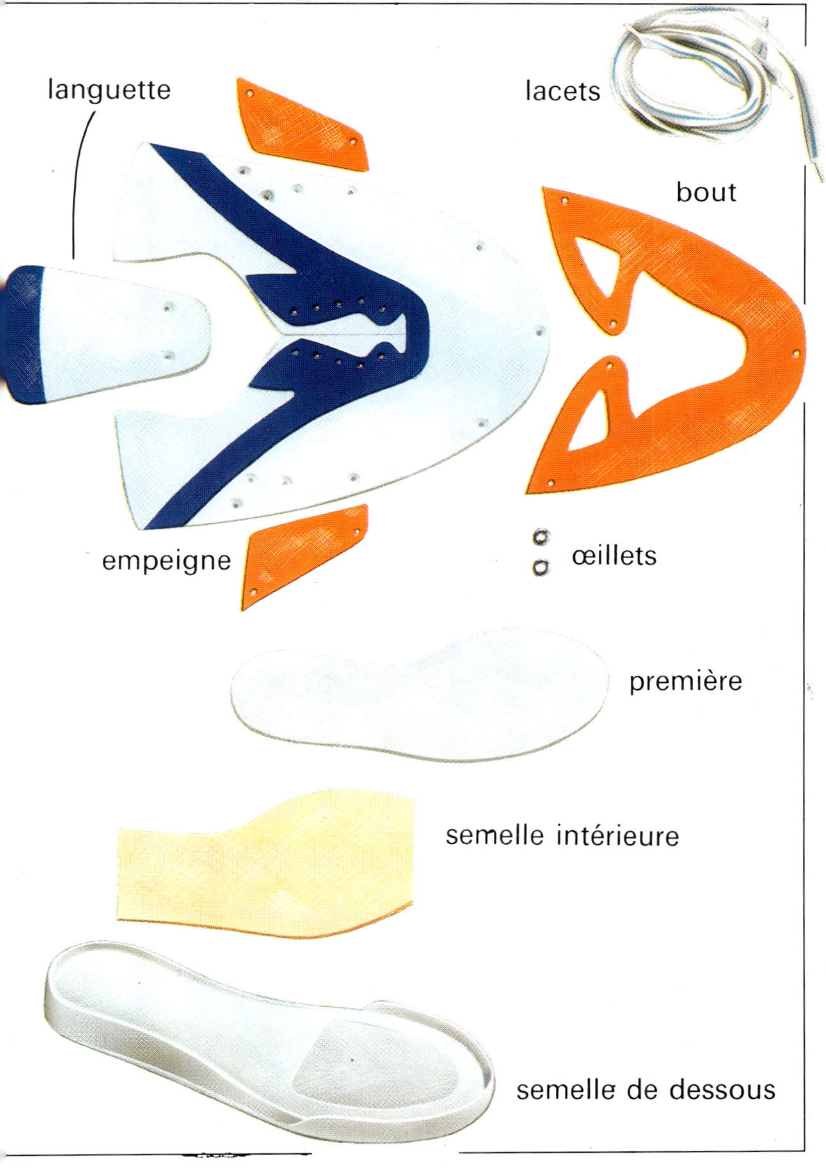
languette
lacets
bout
empeigne
œillets
première
semelle intérieure
semelle de dessous

Chaussures de sport

Les éléments du dessus de la chaussure sont découpés puis cousus ensemble. Des œillets sont fixés autour des trous pour les lacets et la semelle est rattachée au tout.

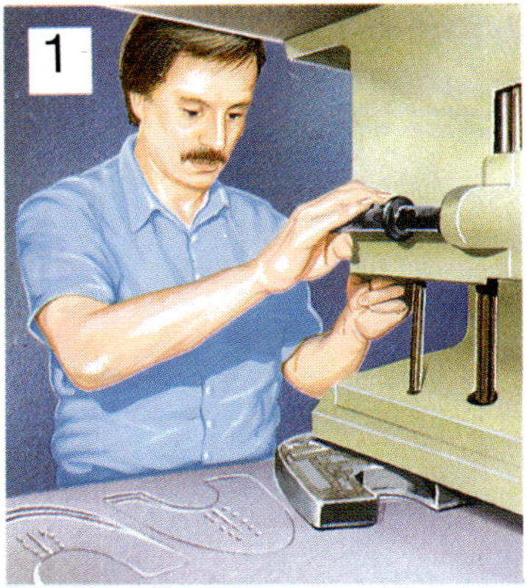

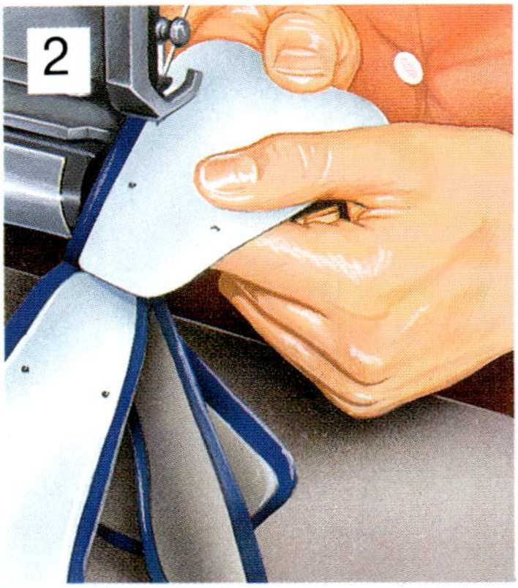

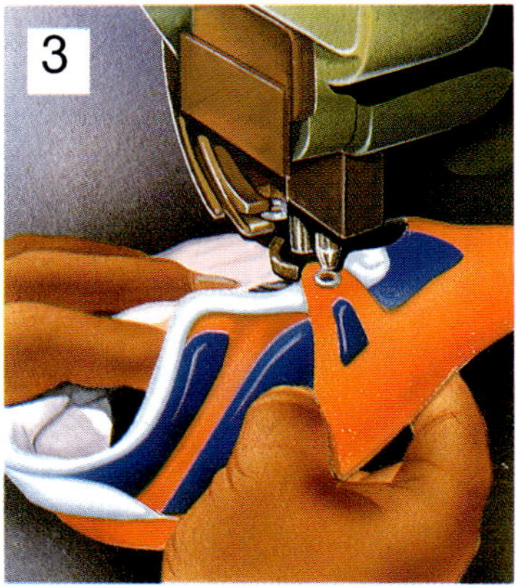

Un pied en métal est inséré dans la chaussure et placé dans un moule rempli de plastique fondu. Une fois refroidi, ce plastique forme la semelle extérieure. Une autre semelle est collée à l'intérieur pour le confort du pied.

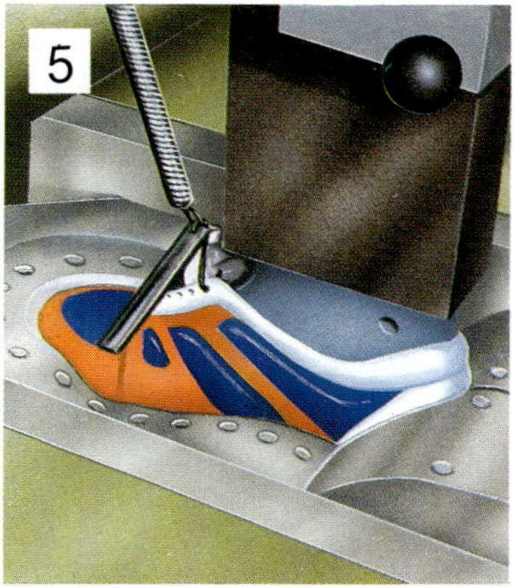

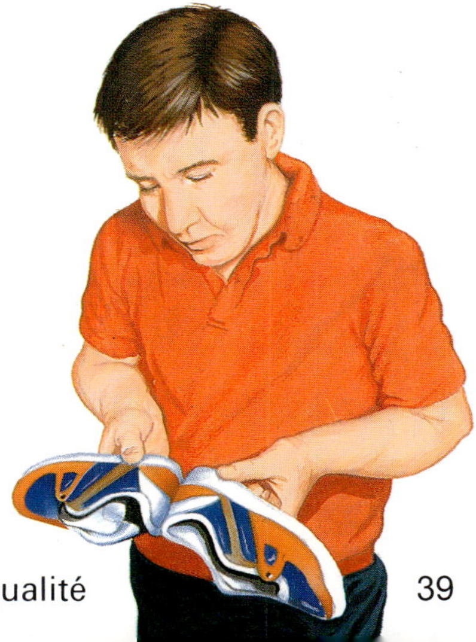

contrôleur de qualité

Une montre

Cette montre comprend trente pièces provenant de cinq pays différents.

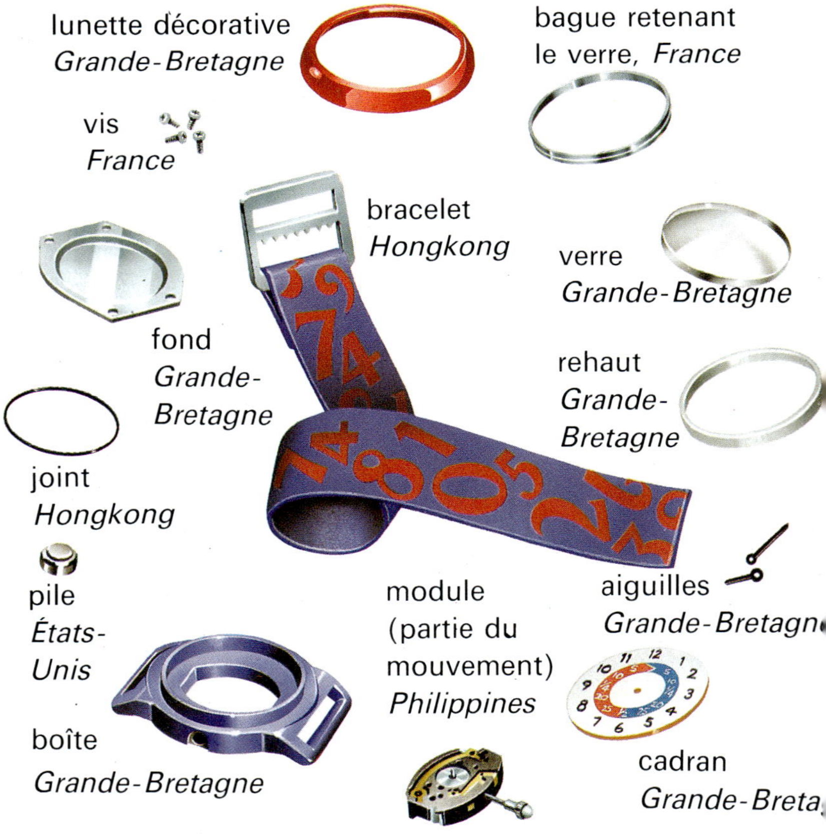

Sur une montre électrique, les rouages et les aiguilles sont entraînés par une pile.

Le dessin de la montre est réalisé par ordinateur. Les différentes pièces sont fabriquées par des machines et assemblées par un ouvrier, qui se sert d'une loupe pour voir les parties les plus petites.

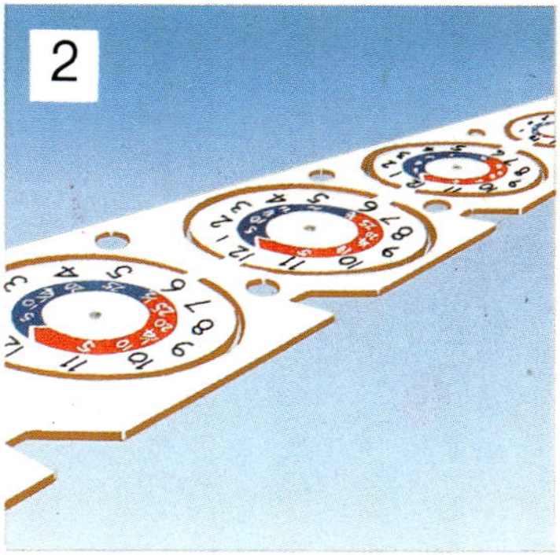

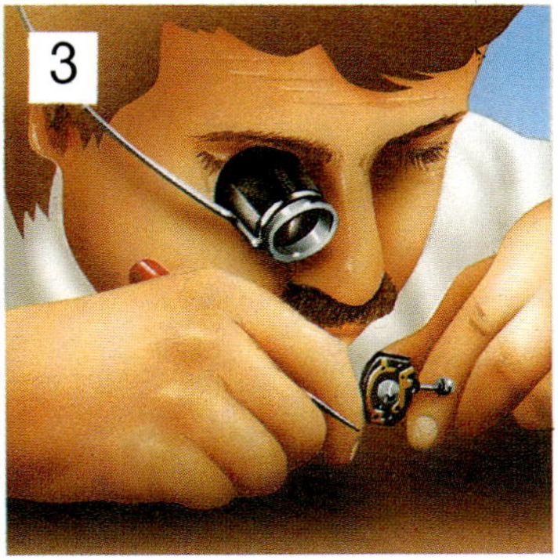

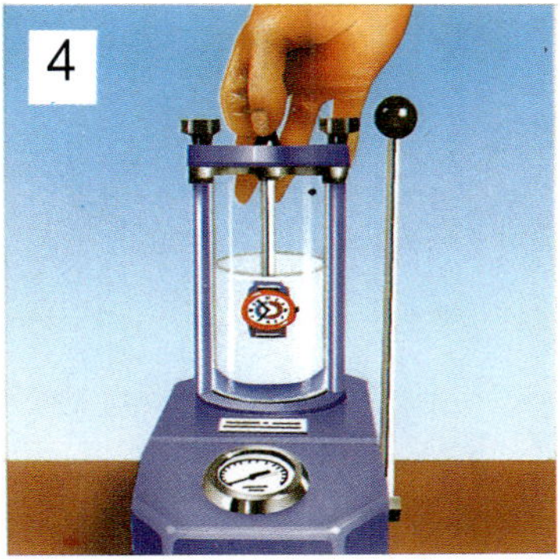

La montre est ensuite testée. On vérifie son étanchéité en la plongeant dans l'eau.

Sais-tu que...

Les premiers jeans furent portés par les cow-boys, les fermiers et les ouvriers américains, il y a de cela un siècle.

Un tondeur expérimenté tond entre 100 et 250 moutons par jour.

La laine peut provenir d'animaux divers : chèvres, chameaux, yacks ou lamas.

La longueur du fil produit par un ver à soie peut atteindre 1,5 kilomètre.

Les bracelets de montre furent inventés il y a près d'un siècle. Avant, les montres étaient glissées dans une poche, le gousset.

Se nourrir

À la ferme

La plupart de nos aliments proviennent de la ferme et sont transformés dans des usines. Pour produire des cacahuètes, il faut labourer le champ et semer des graines d'arachide.

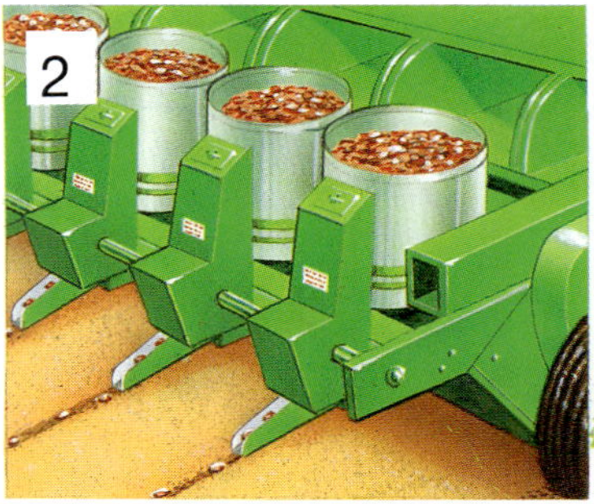

5

Les cacahuètes mûrissent à l'intérieur de leurs coques, sous la terre. Elles sont extraites du sol à l'aide d'une arracheuse.

Un épandeur disperse l'engrais qui aidera la plante à pousser. En été, elle a besoin de beaucoup d'eau. Aussi, le champ est irrigué par aspersion.

Cet appareil combine l'arrachage et le battage des cacahuètes. Celles-ci sont ensuite séchées, puis vendues à l'usine.

Cacahuètes grillées

À l'usine, les cacahuètes sont décortiquées par des râpes qui évacuent les coques.

Des ouvriers et des machines jettent ensuite celles qui sont mauvaises et enlèvent les impuretés.

D'autres machines les pèsent et les mettent en sacs.

Une partie est vendue à des usines pour être grillée ou transformée en beurre de cacahuète.

Avant d'être grillées, les cacahuètes sont parfois blanchies, c'est-à-dire chauffées pour que la peau qui les enveloppe se craquelle. Il suffit alors de les secouer pour que la peau se détache.

Elles sont ensuite passées quelques minutes dans de l'huile à plus de 150 °C (température de cuisson des pommes de terre dans un four).

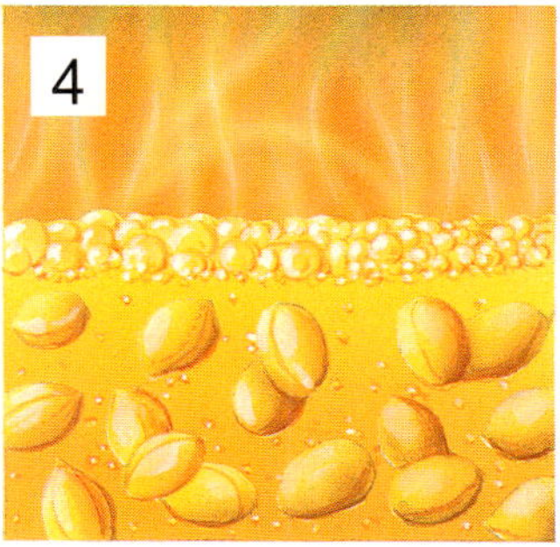

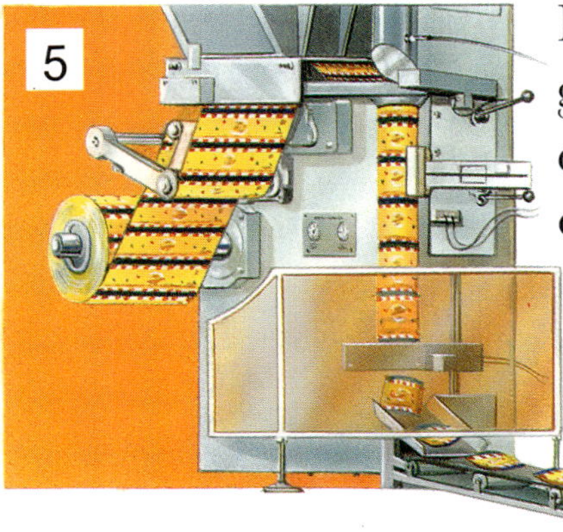

Les cacahuètes grillées sont ensuite pesées et empaquetées.

La culture du blé

Le pain le plus répandu
est fait avec du blé,
souvent cultivé dans
des champs immenses.

Lorsque le blé est mûr, ses grains sont
récoltés par une moissonneuse-batteuse.

grains de blé

Les grains sont stockés dans des silos avant d'être vendus à la meunerie.

C'est là qu'ils sont écrasés (ou moulus) pour faire de la farine.

La farine est ensuite transportée à la boulangerie, où le pain est fabriqué.

farine

À la boulangerie

Pour faire du pain, il suffit d'avoir de la farine, de l'eau, du sel et de la levure.

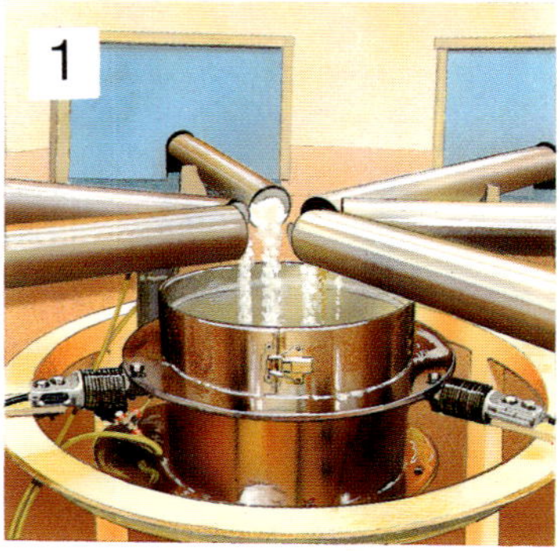

Les ingrédients sont mélangés dans un pétrin très puissant.

La pâte ainsi obtenue est découpée en morceaux (pâtons), par une diviseuse. Ces morceaux sont mis en forme, puis laissés à reposer sur des plaques, pour que la pâte lève lentement. Ils sont ensuite cuits dans un four continu. Lorsqu'ils en sortent, les pains sont chauds et dorés...

Ils sont aspirés par des ventouses,
puis coupés en tranches et empaquetés,
avant d'être distribués aux différents
magasins d'alimentation.

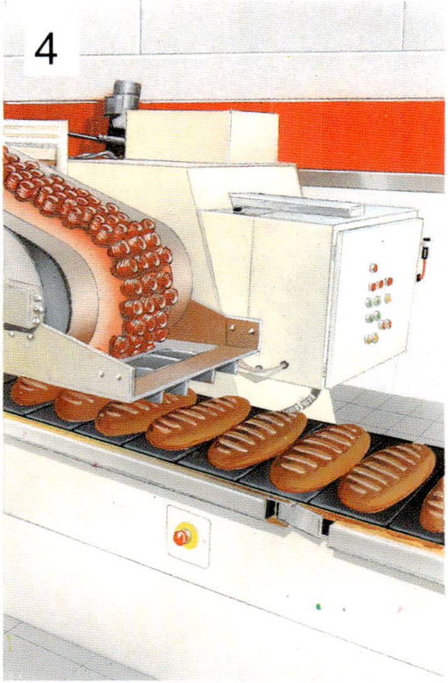

Farines et pains

Il existe plusieurs variétés de pain dans le monde. Chacune est faite avec une farine spéciale et cuite d'une façon particulière.

Ces boulangers font le pain à la main et le cuisent dans un petit four. Le pain reste plat car ils n'utilisent pas de levure.

As-tu déjà goûté à ces variétés-là ?

On fait de la farine avec toutes ces plantes :

Les céréales

Les corn flakes sont faits avec du maïs. Après avoir mûri au soleil, celui-ci est récolté par le fermier.

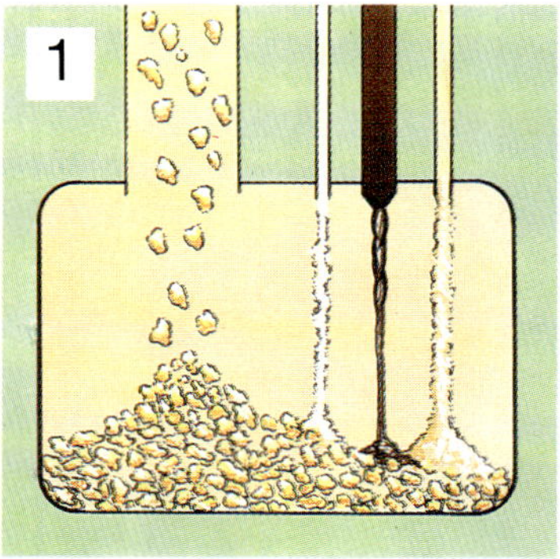

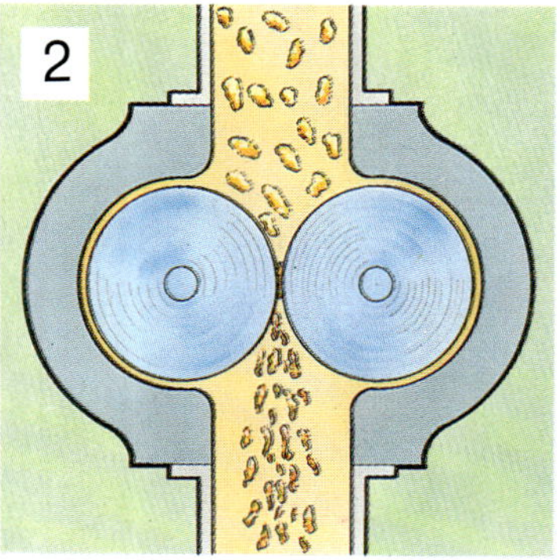

Les épis de maïs sont ensuite égrenés puis envoyés à l'usine. C'est là que sont ajoutés le sucre, le sel ou le malt, qui donnent aux grains leur arôme. Après avoir été cuits, les grains passent entre des cylindres qui les écrasent pour en faire des pétales.

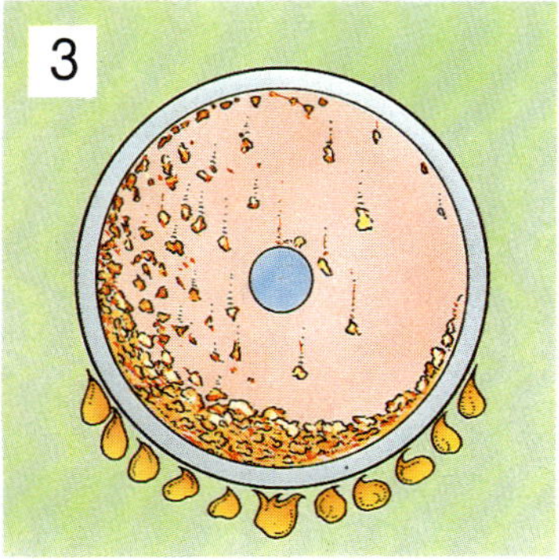

Ils sont alors pesés et empaquetés. Pour que les pétales gardent toute leur saveur, les sachets sont fermés hermétiquement.

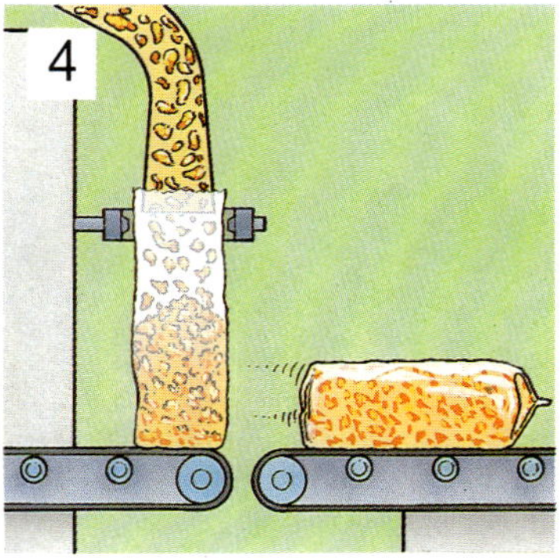

Déplacés sur des tapis roulants, les sachets sont rangés dans des boîtes, puis transportés jusqu'au magasin, dans des cartons bien solides.

L'heure de la traite

La vache nourrit le veau avec son lait. L'homme aussi est un amateur de cette boisson riche en protéines.

Les vaches sont traites deux fois par jour.

Il faut moins de dix minutes pour traire une vache. L'éleveur enfile un gobelet-trayeur sur chaque pis. Grâce à une légère pression, le lait sort et est aspiré par la trayeuse.

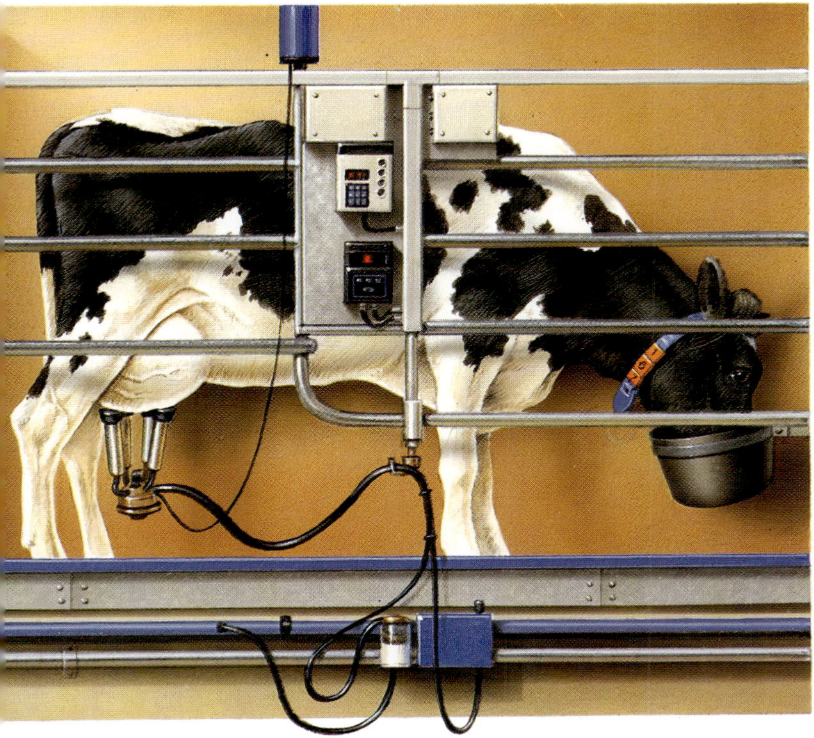

Le lait s'écoule par des tuyaux jusqu'à un réservoir qui le conserve au frais.

À la laiterie

Chaque jour, un camion-citerne collecte le lait à la ferme et le livre à la laiterie.

Pour contrôler la qualité du lait, des techniciens analysent des échantillons.

Si les tests sont satisfaisants, le lait est alors chauffé, puis refroidi brusquement. Cette opération s'appelle la pasteurisation. Elle sert à tuer les germes malsains.

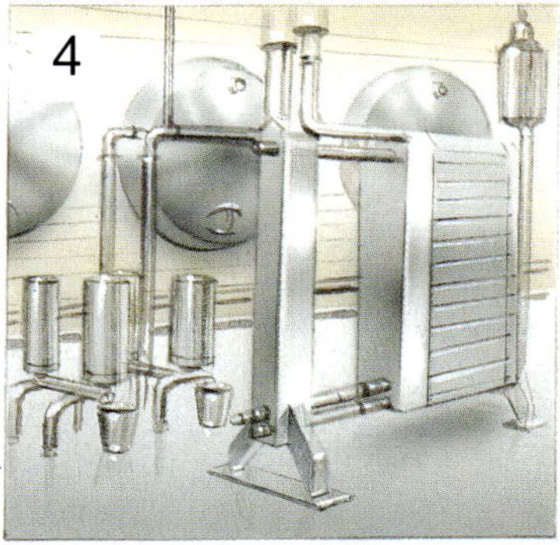

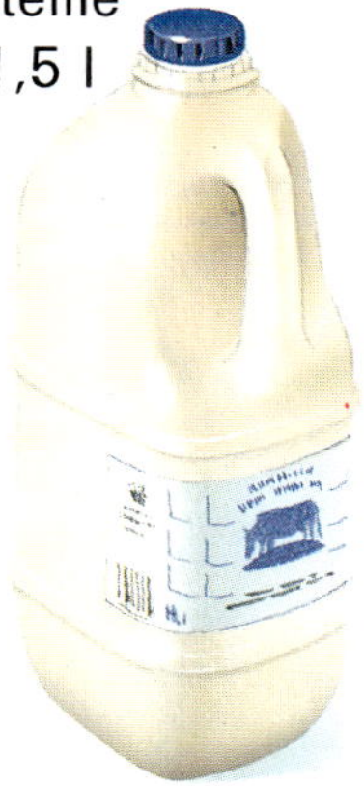

bouteille de 1,5 l

carton de 1 l

carton de 0,5 l

bouteille de 0,5 l

Le lait est ensuite versé dans des récipients en verre, en carton ou en plastique.

Les produits laitiers

Tous ces aliments sont à base de lait, ce sont des produits laitiers.

chocolat

yaourt

crème glacée

fromage

beurre

crème

Il existe beaucoup d'animaux dont l'homme peut consommer le lait.
Ils sont élevés dans le monde entier.

renne

chèvre

chamelle

lama

yack

brebis

Le thé

1

Le thé est surtout cultivé dans les régions chaudes et humides d'Asie.

2

3

Les jeunes feuilles sont ramassées à la main. Laissées à l'air libre, elles se flétrissent et passent du vert au brun. Puis on les roule pour qu'elles fermentent. Enfin, elles sont séchées puis emballées dans des coffres.

4

Elles arrivent
par cargos
dans les usines
du monde entier.
Là, des dégustateurs
font des mélanges
de différentes variétés
de thé et choisissent
les meilleurs.

5

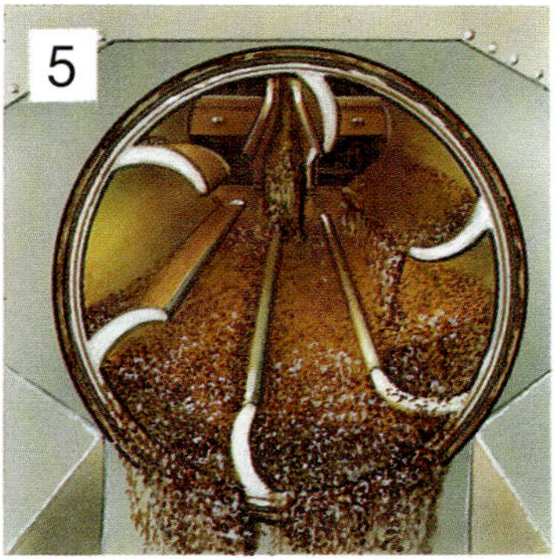

6

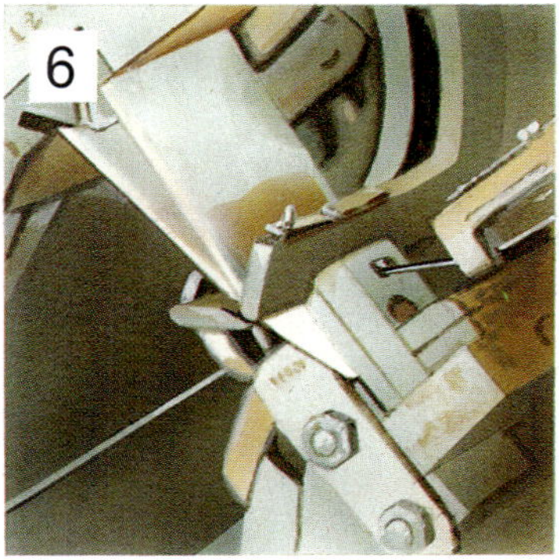

Les variétés de thé sélectionnées sont placées dans un mélangeur. Une machine en extrait une petite quantité, qu'elle dépose dans des sachets dont les bords sont ensuite collés. Mais il existe aussi des boîtes de thé.

Boissons gazeuses

Les fruits donnent aux boissons gazeuses leur goût délicieux. L'orange, fruit de l'oranger, est un agrume.

Le jus est extrait du fruit et versé dans des fûts.

Le jus est transporté à l'étranger par cargo.

À l'usine, on lui ajoute de l'eau et du sucre. Ce mélange est placé dans un réservoir à haute pression, où du gaz carbonique est injecté pour rendre la boisson pétillante...

Une machine verse le liquide dans des canettes, à raison de 8 000 canettes à la minute. Une sertisseuse fixe les couvercles.

Les canettes

Les canettes de boisson gazeuse sont en acier, un matériau fabriqué avec le fer que l'on extrait du minerai.

Dans une aciérie, le fer est fondu dans un haut-fourneau. L'acier issu de cette fonte est transformé par des laminoirs en minces plaques, qui sont ensuite vendues à une usine métallurgique.

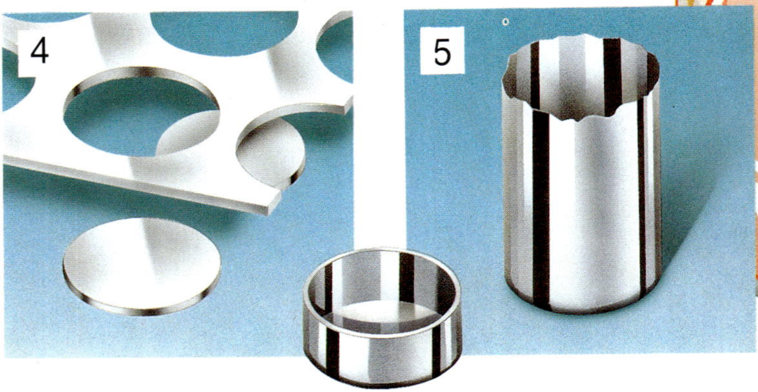

Ces plaques deviennent des disques, qui sont étirés jusqu'à prendre la forme voulue. La surface des canettes est alors imprimée et la partie supérieure, destinée à former le couvercle, est façonnée.

L'emballage

Les aliments doivent être emballés avant d'être livrés. Les emballages et les récipients utilisés par les fabricants ont des formes variées : paquets, boîtes, sachets, bouteilles ; ils sont faits de matériaux divers : plastique, carton, papier ou verre.

À quoi sert l'emballage ?

- Il protège les aliments et conserve leur saveur.
- Il facilite leur rangement dans les rayons ainsi que leur transport.
- Il renseigne le client sur ce qu'il achète.
- La taille des emballages varie ; le client peut donc acheter la quantité qu'il désire.

Des designers conçoivent des emballages.

Les poissons panés ne rentreraient pas dans une bouteille et ne seraient pas assez protégés dans un sachet.

Une boîte en carton qui sera assez résistante et ne pèsera pas trop lourd sera adéquate.

Une boîte sans image serait triste et ne dirait rien de ce qu'elle contient. Un dessin s'impose.

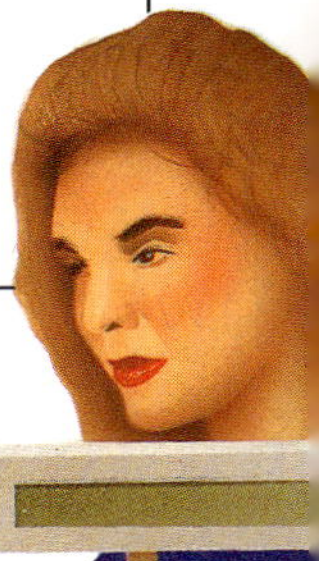

Ainsi, tous les objets que nous achetons ont chacun un emballage différent.

Le poisson pané

Les chalutiers laissent pendre dans la mer d'immenses filets, qui sont ensuite hissés à bord. Les poissons qui ont été capturés sont conservés dans des bacs à glace.

Les poissons sont alors envoyés à l'usine.

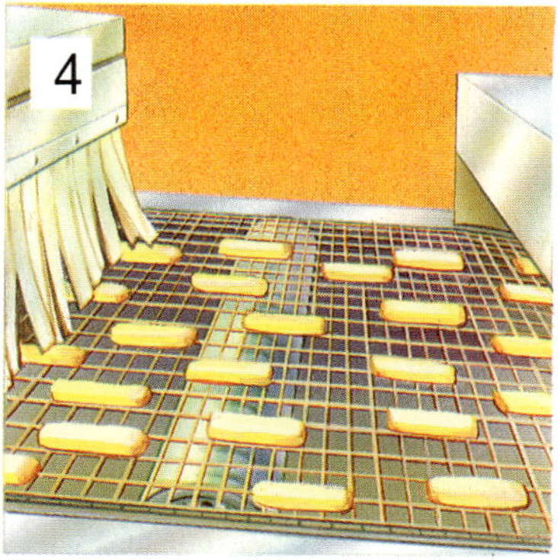

Une machine sépare les arêtes de la chair du poisson. Celle-ci est compactée en gros blocs, qui sont ensuite coupés en tranches puis recouverts de chapelure avant d'être cuits puis empaquetés.

Sais-tu que...

L'arachide donne des cacahuètes, elle se consomme sous forme d'huile et peut aussi entrer dans la composition de certains savons.

Les boulangeries industrielles peuvent produire des dizaines de milliers de pains par jour.

Les meilleures vaches peuvent donner 5 000 litres de lait par an.

En Inde, un cueilleur de thé peut récolter plus de 30 kilogrammes de thé par jour.

Nicolas Appert fut l'inventeur des conserves, mais c'est d'abord dans des bocaux qu'il conserva les aliments destinés aux soldats de l'Empire.

Le poisson le plus pêché dans le monde est la sardine. Mais c'est avec la morue que sont généralement faits les poissons panés.

Les objets

familiers

Le bois

1

Le bois provient des arbres de la forêt. Ceux-ci sont coupés par les bûcherons à l'aide de scies électriques. De jeunes arbres sont parfois replantés par la suite.

Le bois est transporté jusqu'à la scierie.

Le tronc y est écorcé puis découpé à la scie. Les planches de bois sont alors vendues pour servir à la fabrication d'objets divers : meubles, papier, crayons...

La menuiserie

Les menuisiers sont des artisans spécialisés dans la fabrication d'objets en bois utilitaires tels que les meubles.

Le menuisier choisit d'abord le bois qu'il utilisera pour fabriquer une chaise. Puis il dessine les différentes parties de celle-ci.

Il se sert d'un tour pour sculpter les pieds. Cet appareil fait tourner la pièce de bois qui est en même temps façonnée à l'aide d'une gouge. La plupart des outils du menuisier sont en métal et doivent être bien affûtés.

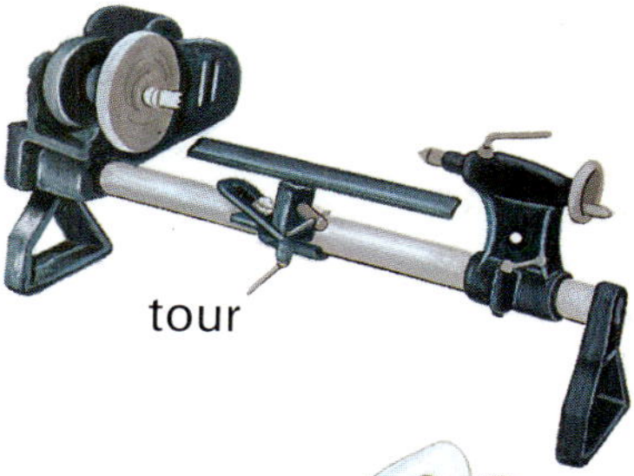

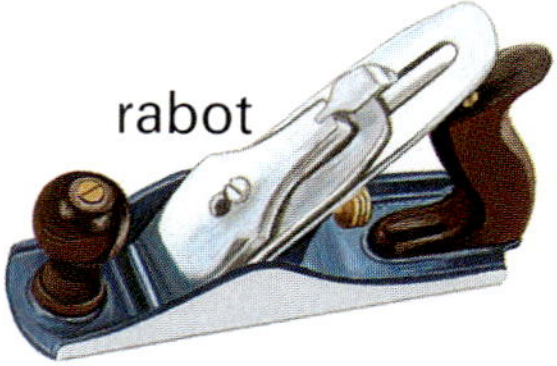

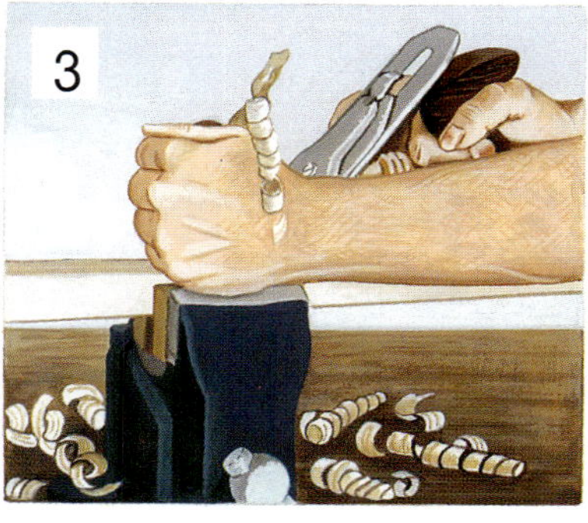

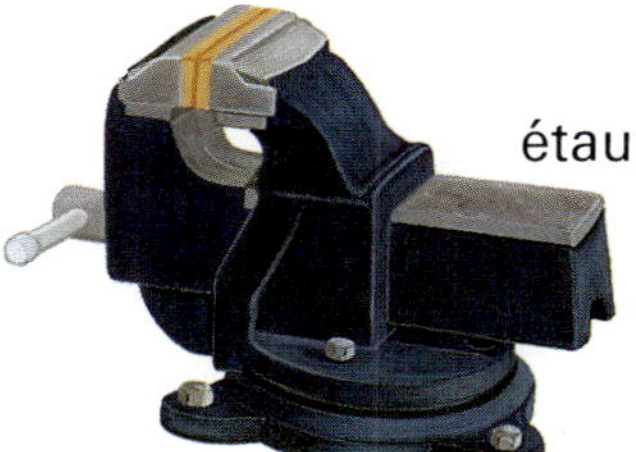

Le menuisier serre la pièce de bois dans un étau pour la maintenir en place et utilise son rabot pour rendre le bois bien lisse.

Une chaise

Le dossier est façonné à l'aide d'une plane, qui permet de créer des formes arrondies.

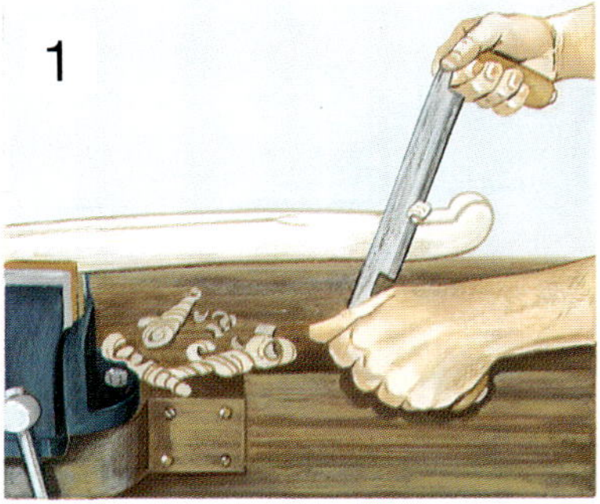

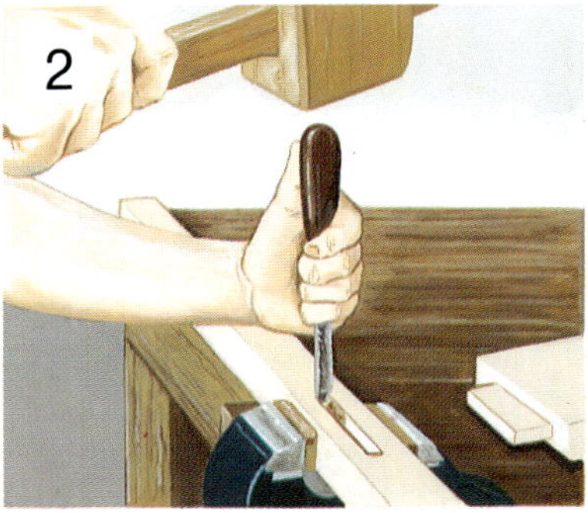

On assemble deux pièces de bois après avoir creusé dans la première une cavité (mortaise) destinée à recevoir l'extrémité de la seconde (tenon).

Le menuisier a encollé ces deux parties qui sont maintenues dans l'étau, le temps que la colle sèche.

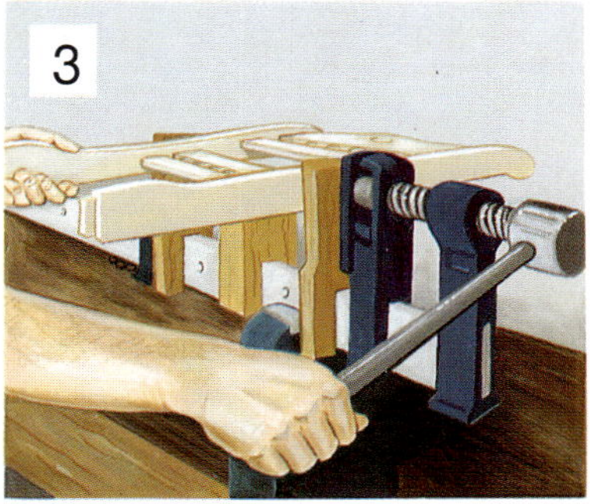

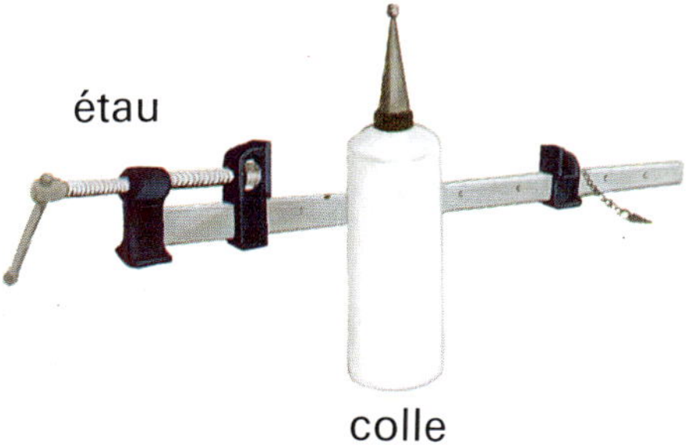

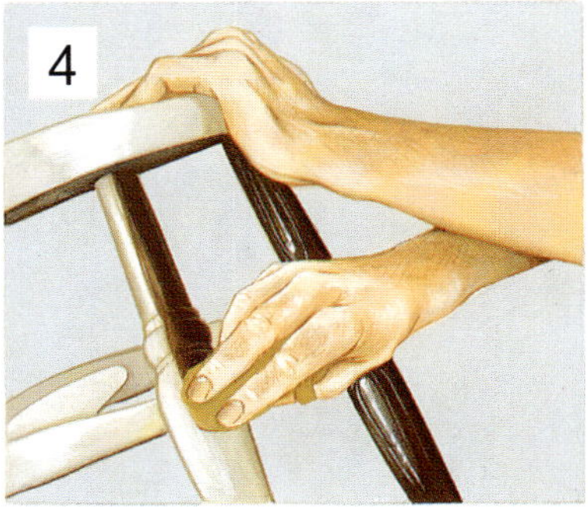

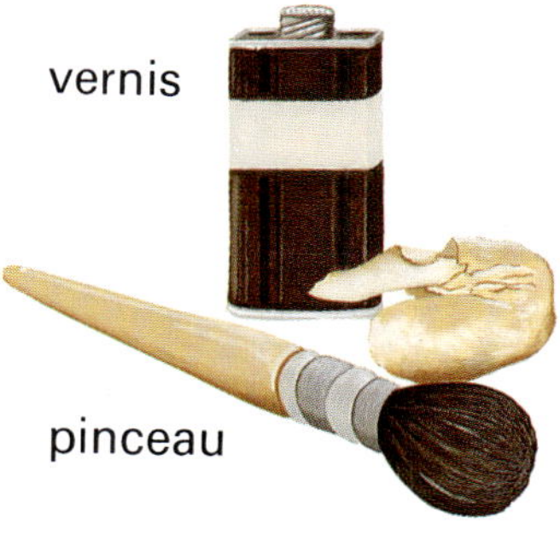

Puis il passe sur la chaise un vernis qu'il laisse sécher, et la polit. Ce vernis protégera le bois tout en lui donnant un bel éclat.

De quoi est fait un crayon

Il faut du bois, de l'argile et du graphite.

argile

graphite

bois
de cèdre

L'argile est extraite du sol par des excavateurs et est réduite en une fine poudre grâce à de puissants jets d'eau.

Le graphite est
une roche tendre,
enfouie sous terre.

Les mineurs
l'extraient avec
des foreuses.
Le bois provient du cèdre.

Fabriquer un crayon

Graphite et argile sont mélangés pour former une pâte. Lorsqu'il s'agit d'un crayon de couleur, on ajoute un pigment. La pâte est étirée en mines, puis cuite jusqu'à ce qu'elle durcisse.

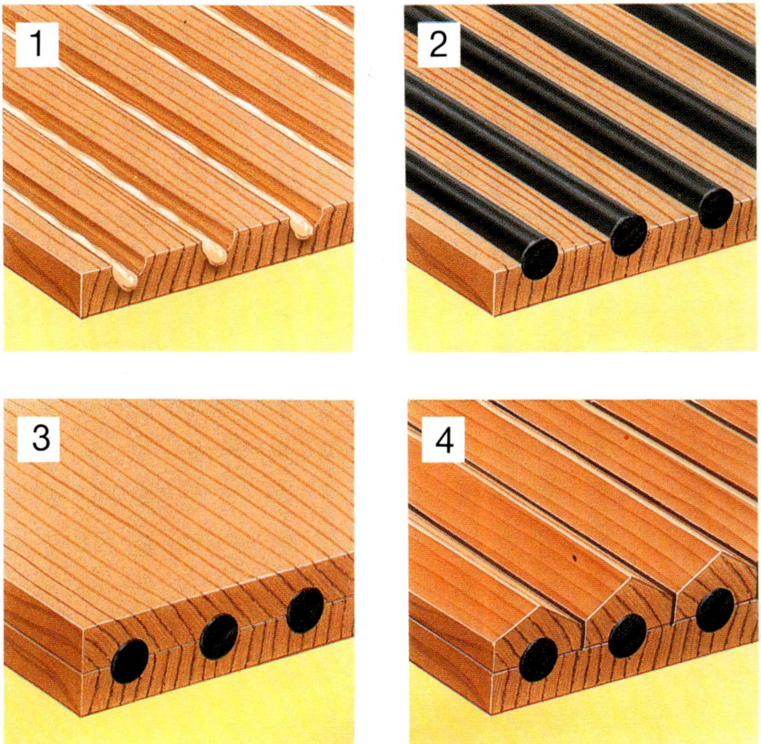

Les planches de cèdre sont découpées en lamelles où l’on a creusé des rainures. Les mines de graphite sont alors insérées entre deux lamelles que l’on colle l’une sur l’autre et que l’on découpe de façon à séparer les crayons. Ils reçoivent ensuite une couche de couleur qui les protège.

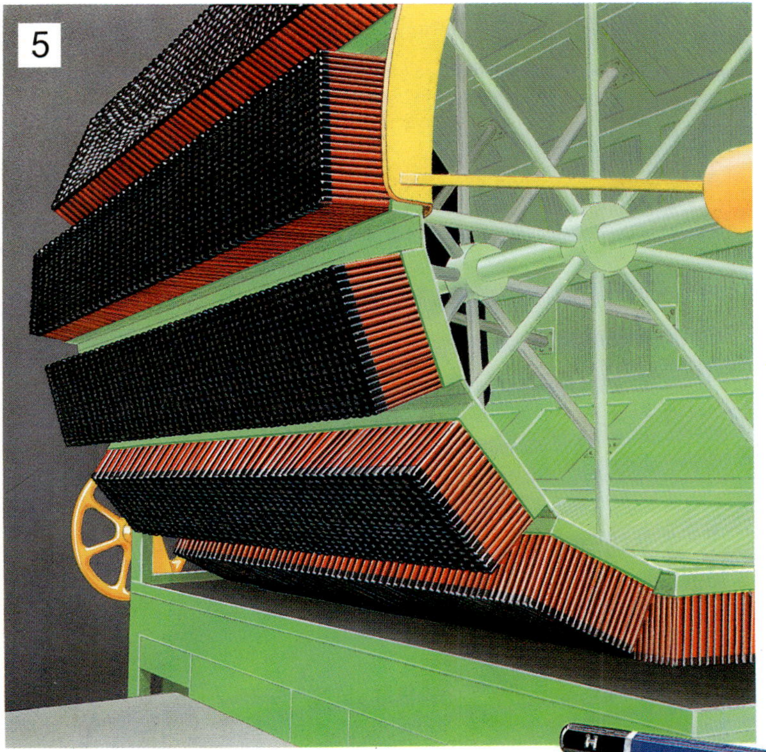

Une usine à papier

Le pin et le sapin sont les arbres les plus utilisés pour la fabrication du papier. Une fois le tronc écorcé, les rondins sont broyés dans un défibreur.

Les copeaux de bois sont mélangés à des produits chimiques puis cuits dans un lessiveur d'où sort la pâte à papier.

Lavée et rincée, elle est étalée sur un tamis métallique en mouvement, d'où l'eau s'écoule. Elle passe ensuite entre des cylindres qui la compriment en une mince feuille de papier. Le reste de l'humidité est éliminé par séchage.

À la fin, le papier est enroulé en bobines. Il deviendra des livres, des journaux, des timbres et beaucoup d'autres choses.

Matériaux recyclés

Les fabricants ont de plus en plus recours aux matériaux recyclés. Cela signifie qu'ils récupèrent les matériaux usés pour s'en servir de nouveau.

L'acier est un de ces matériaux recyclés. Les industriels font donc une économie car l'acier neuf coûte très cher.
Vieux bateaux, voitures, ferraille peuvent être ainsi récupérés.

Une fois que les déchets ont été brûlés, un énorme aimant ramasse la ferraille. Celle-ci est ensuite broyée puis compactée, avant d'être envoyée à l'aciérie.

D'autres matériaux peuvent être recyclés :

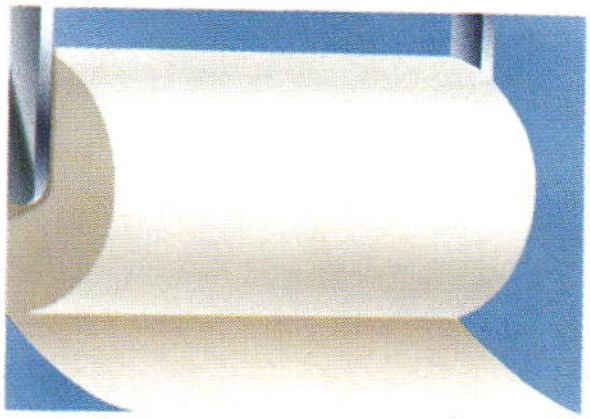

le verre

le papier

le plastique

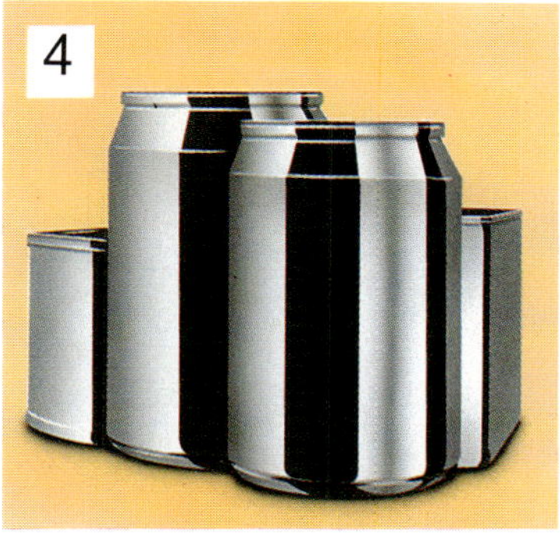

À l'usine, la ferraille compactée est à nouveau transformée en fonte, dont sera tiré l'acier. Un quart du métal des canettes est constitué d'acier recyclé.

La verrerie

Le verre est fabriqué avec une sorte de sable, la silice, du sodium, de la chaux et des débris de verre, le calcin. En chauffant le mélange de ces matériaux dans un four, on obtient du verre fondu.

1

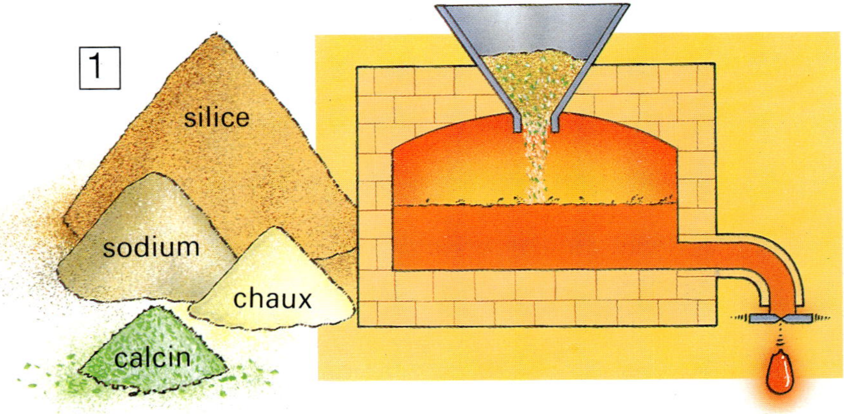

Le verre passe entre deux cylindres qui l'aplatissent et lui donnent la forme d'une plaque qui sera utilisée comme vitre.

2

Les pots et
les bouteilles en
verre sont obtenus
autrement.

À mesure que le verre fondu s'écoule du four, il se détache en gouttes épaisses (paraisons), qui tombent une à une dans un moule.

Le verre fondu est comprimé contre les parois du moule et en prend la forme.

Puis le moule est ouvert en deux et le pot en verre est cuit de nouveau dans un autre four.

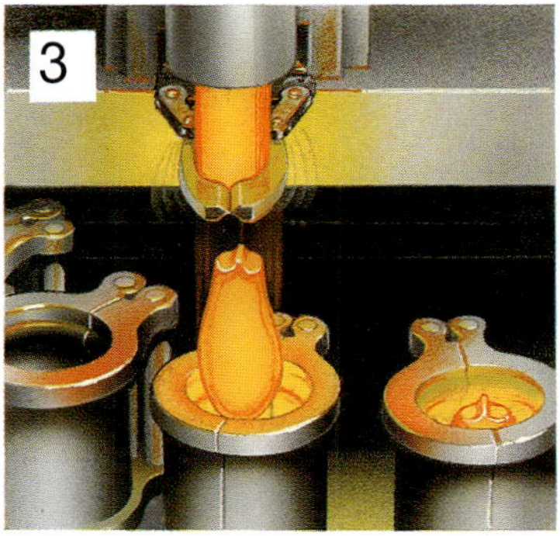

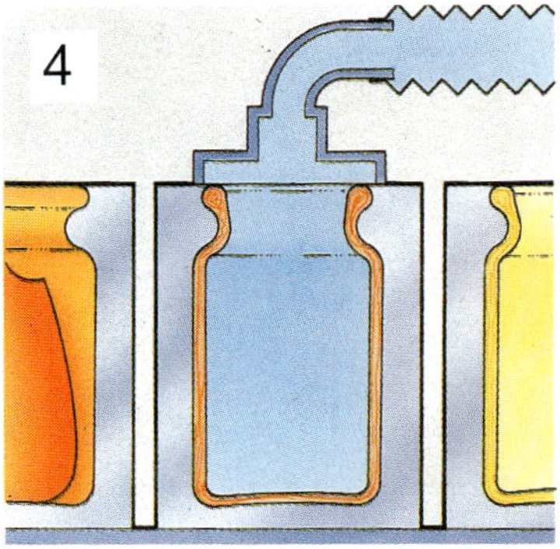

Le souffleur

Certains objets en verre sont faits par des artisans très habiles.

Le cueilleur extrait un morceau de verre à l'aide d'une canne.

Le souffleur souffle dans sa canne pour gonfler le verre fondu, comme tu ferais avec un ballon.

Il doit sans cesse tourner la canne pour empêcher la pâte de couler. Le verre est étiré à l'aide des pinces, puis le pied, façonné à part, est ajouté à l'ensemble.

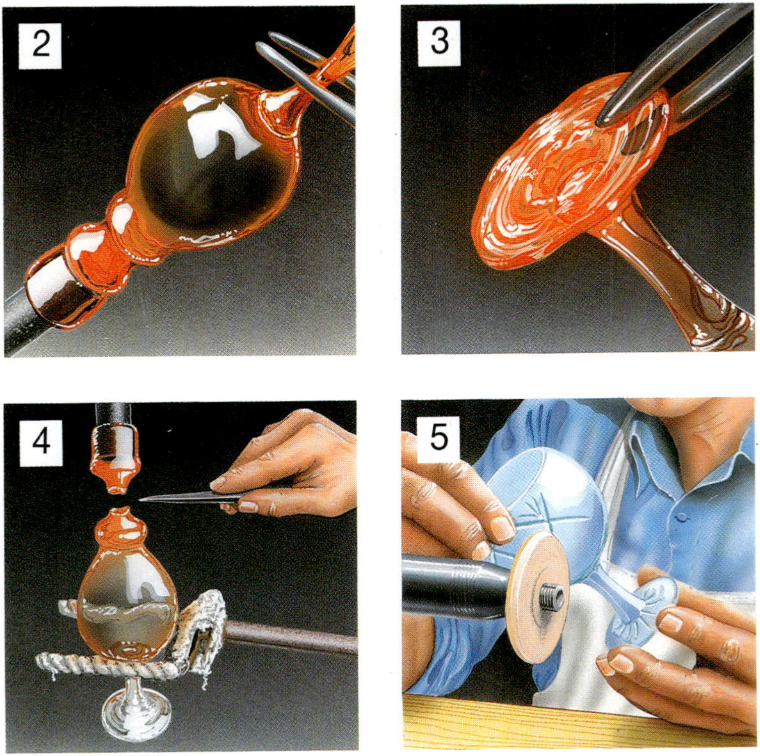

Le coupeur polit le verre avec un polissoir et se sert d'un disque tranchant pour y tailler des motifs.

La poterie

Les potiers se servent d'un tour. C'est un plateau qu'ils font tourner et sur lequel ils posent un morceau d'argile humide, destiné à être modelé. Ici, il s'agit d'une tasse à laquelle on ajoutera une anse.

La tasse est cuite dans un four à céramique.

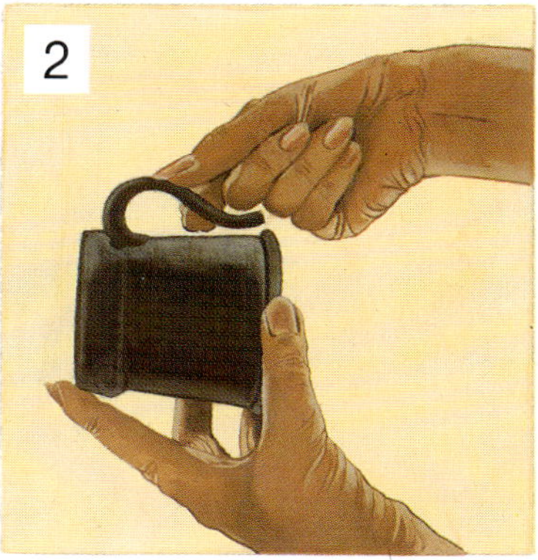

Une fois que l'argile a été durcie à la cuisson, la tasse est recouverte d'un vernis brillant, qui la protège et la rend étanche. Elle est cuite de nouveau, puis peinte avant d'être une dernière fois passée au four.

Silence, on tourne !

Ces personnes préparent un reportage sur les animaux. Le réalisateur élabore le plan du film et rédige le scénario. Ses assistants recherchent les lieux où l'équipe pourra filmer les animaux : ils font les repérages.

Sur les lieux du tournage, le réalisateur dirige son équipe. Le présentateur se charge du commentaire.
L'ingénieur du son enregistre voix et bruits. Les images sont prises par le cadreur. Mais il faut beaucoup de temps pour approcher les animaux sauvages et pour les filmer.

Au studio de télévision

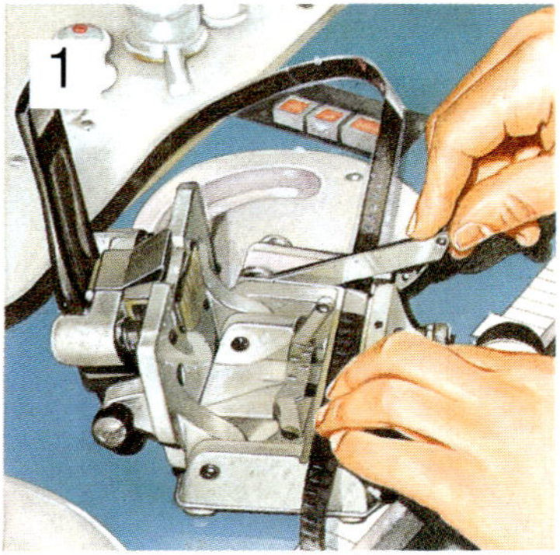

Une fois l'équipe revenue du tournage, le film est développé. Le monteur en découpe les meilleures séquences et les assemble de façon à réaliser un film bien rythmé.

L'ingénieur du son réalise le mixage des différents enregistrements.

Un assistant passe la bande-son tandis que le monteur visionne le film. Assis à son pupitre de commande, l'ingénieur sélectionne les sons en fonction des images. Cette opération s'appelle le mixage.

4

5

L'émission est diffusée à partir du studio. Elle voyage sous la forme de signaux invisibles jusqu'à une station émettrice. Les images des pingouins arriveront ainsi sur ton écran de télévision.

La pâte dentifrice

Elle se compose de plusieurs ingrédients :

- De la silice, pour polir la dent.
- Du sorbitol, tiré du maïs, pour lier les ingrédients.

- Un agent moussant.

- De la menthe, pour lui donner un goût et un parfum agréables.

- De l'eau, pour en faire une pâte onctueuse.

FLUOR

- Et du fluor, pour éviter les caries.

Les ingrédients sont mélangés. La pâte obtenue est versée dans des tubes. Une fois pleins, ceux-ci sont soigneusement fermés.

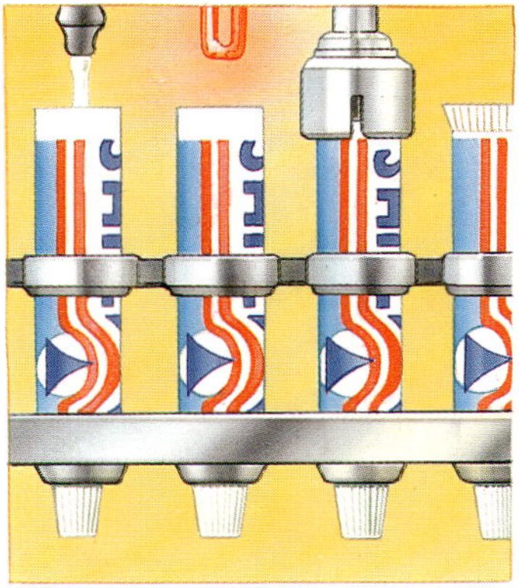

Comment obtient-on des pâtes rayées ? La pâte colorée est placée dans le tube avant la pâte blanche.

Lorsque tu appuies sur le tube, la pâte blanche sort par un trou central alors que la pâte de couleur passe par des orifices situés sur les côtés.

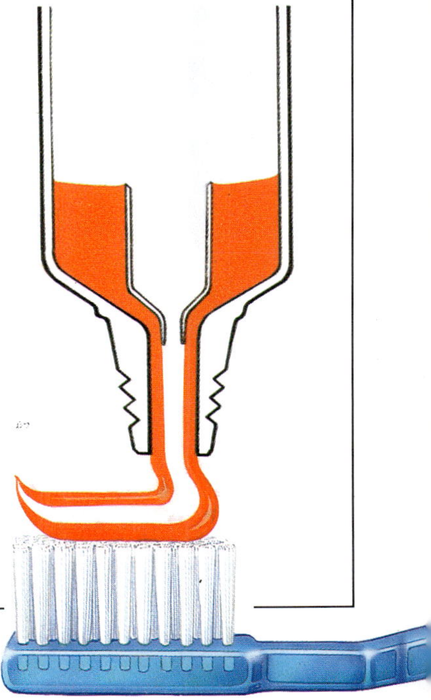

Sais-tu que...

Une fabrique de crayons peut en produire 500 000 par jour.

Les Égyptiens furent les premiers à fabriquer du papier, il y a plus de 5 000 ans. Ils employèrent une sorte de roseau, le papyrus, d'où vient le mot papier.

Le four d'une verrerie peut contenir plus de 400 tonnes de verre fondu, ce qui correspond au poids de dix camions-citernes.

Le tour du potier a été utilisé par l'homme bien avant que la roue ne soit inventée.

Échanger…

… Habiter

Les timbres-poste

Lorsque La Poste décide de créer un timbre, elle choisit un thème et en confie le dessin à un artiste.

Si le dessin convient, il est réalisé en couleurs.

Il est ensuite photographié de façon à obtenir quatre films correspondant aux quatre couleurs primaires.
Le dessin de chaque film est alors reproduit sur une plaque métallique.

Les imprimeurs chargent de papier la presse à imprimer. Chaque feuille de papier passe successivement sur chacune des quatre plaques métalliques préalablement encrées. Une machine perfore ensuite une série de trous autour des timbres, puis les feuilles sont découpées en bandes.

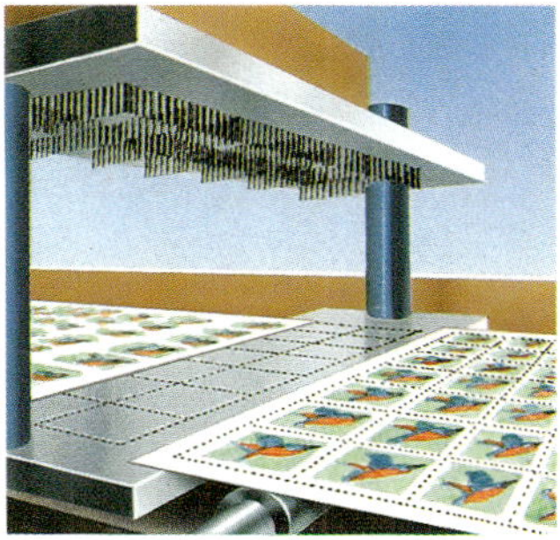

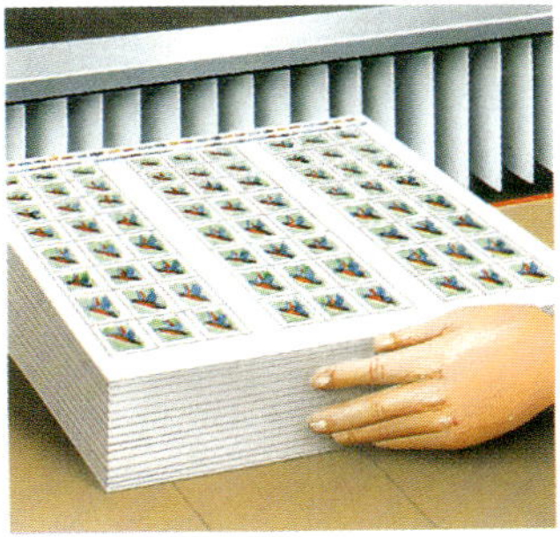

La monnaie

Le gouvernement espagnol a décidé de créer une nouvelle pièce de monnaie. Elle sera à l'effigie du roi d'Espagne.

Cette jeune artiste dessine les deux faces de la pièce, y compris les lettres et les chiffres.

Elle les dessine à une grande échelle pour pouvoir représenter les plus petits détails. Ses dessins sont ensuite envoyés à l'hôtel de la Monnaie, où sont frappées les pièces.

Les dessins sont reproduits en grandeur réelle mais à l'envers, sur deux blocs d'acier, appelés « coins ».

coins

Les pièces de monnaie sont fabriquées
avec des alliages de plusieurs métaux.
Les lingots sont fondus dans un four,
puis coulés en longues bandes de métal.

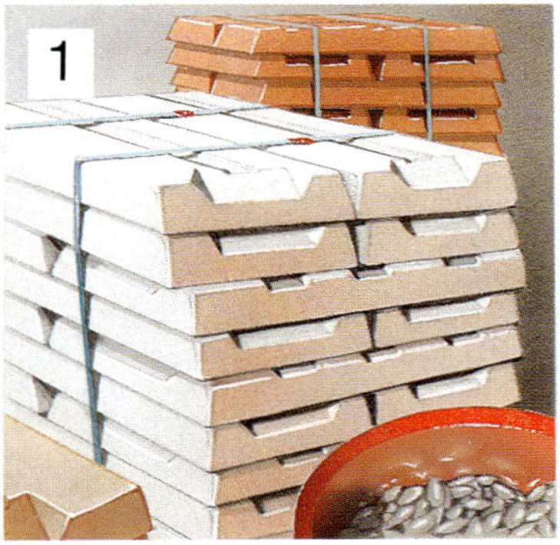

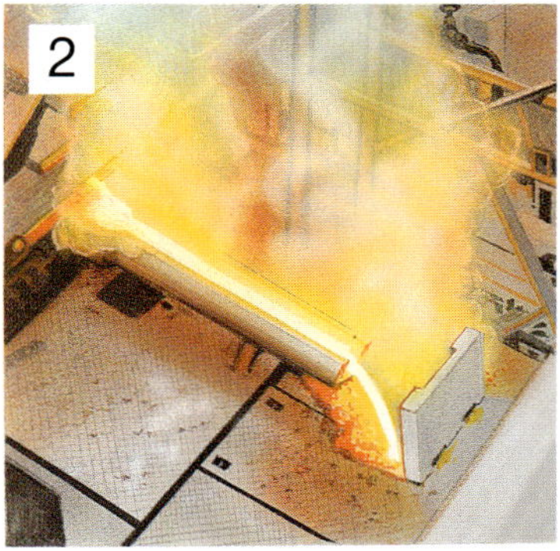

Dans ces dernières sont découpés de petits
disques, appelés « flans ». Le reste du métal
est de nouveau fondu pour être réutilisé.

Frapper monnaie

Avant d'être frappés, les flans sont de nouveau passés au four pour être ramollis. Leur nom, d'origine germanique, signifie « objet plat ».

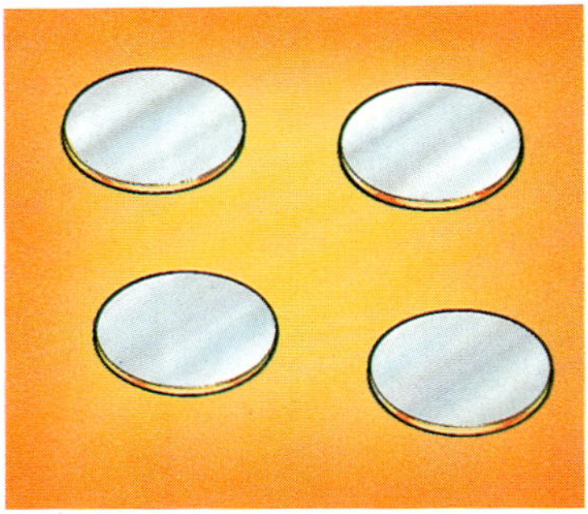

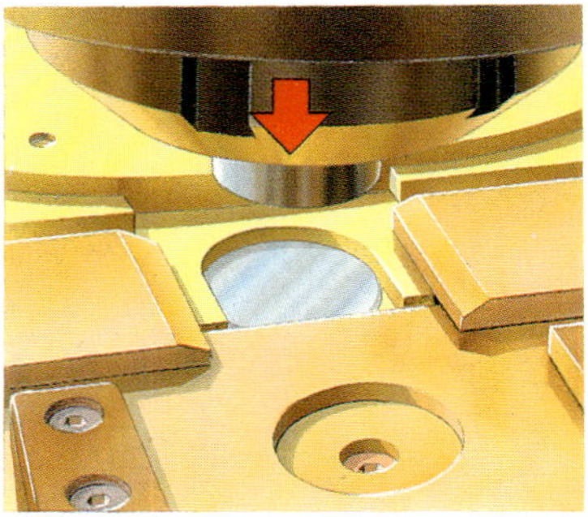

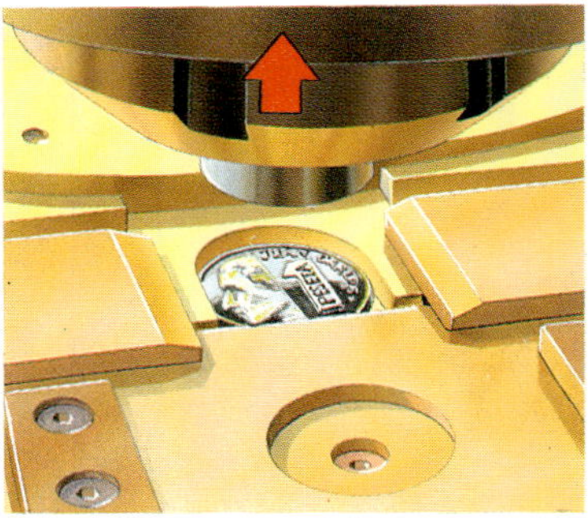

Une presse monétaire comprime chaque flan entre les deux coins. L'alliage étant encore mou, le dessin s'imprime sur chaque face. On dit que la pièce est « frappée ».

contrôleur

D'autres pièces

Tout pays frappe sa monnaie avec des dessins différents, qui rendent chaque pièce particulière. Elles diffèrent aussi par leur taille, leur forme, leur alliage et leur valeur. Combien de pièces reconnais-tu sur cette image ?

Une voiture

Les constructeurs automobiles cherchent à produire des voitures toujours plus performantes. Mais, pour que la voiture se vende bien, il faut connaître les besoins des consommateurs.

Veulent-ils des voitures plus rapides ou plus sûres ? Et de quelle couleur ? Les enquêteurs sont chargés de se renseigner.

Le dessinateur fait un plan de la voiture et l'ingénieur en calcule la forme et la taille à l'aide d'un ordinateur.

Une maquette de la voiture est construite à une échelle réduite, en bois ou en argile. Si le résultat est satisfaisant, une maquette grandeur nature est alors réalisée.

3

Par la suite, un prototype est construit avec les vrais matériaux.

4

5

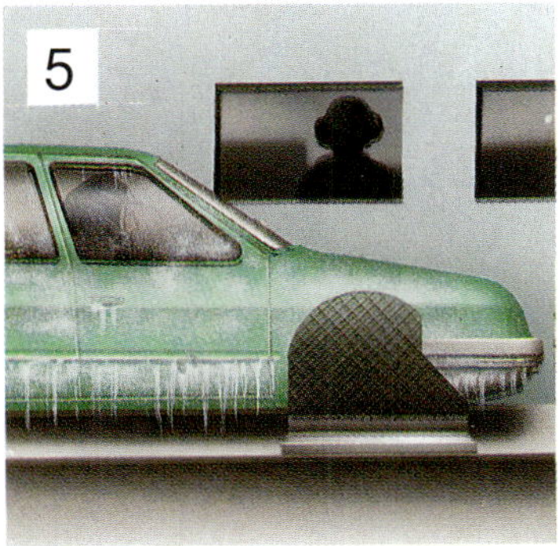

C'est avec les prototypes que sont réalisés les tests permettant de contrôler la résistance de la voiture : simulations d'accidents avec mannequins au volant et tests de résistance à des températures extrêmes.

Une chaîne de montage

La carrosserie d'une voiture est en acier. Ses différentes pièces sont fabriquées par une presse.

Elles sont ensuite assemblées dans l'atelier de soudure, où des robots commandés par ordinateur déposent entre elles du métal fondu. En refroidissant, les soudures durcissent et fixent les parties les unes aux autres.

La voiture se déplace sur la chaîne
de montage et passe à l'atelier de peinture.

Elle est plongée dans un bain de peinture
antirouille, colorée par jets, puis elle est
recouverte d'un enduit protecteur, qui lui
donne un aspect brillant.

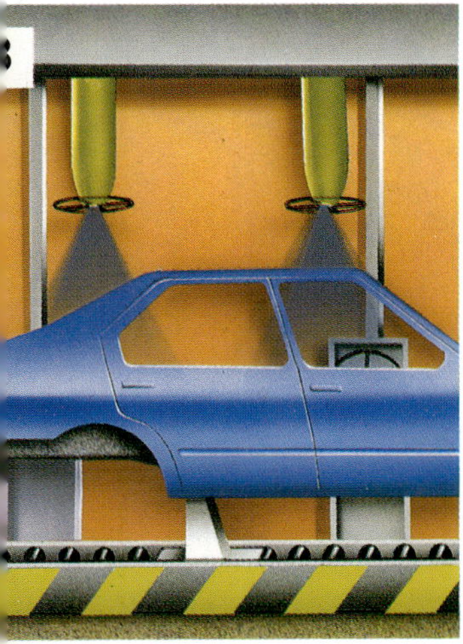

Les vitres, tenues par des ventouses, sont
ensuite montées sur la carrosserie. Grâce
aux robots, l'homme est déchargé de tâches
parfois dangereuses et souvent pénibles.

Les monteurs

Les diverses pièces de la voiture sont assemblées par des monteurs, tout au long de la chaîne de montage. La carrosserie est posée sur le moteur et le châssis. Le véhicule peut aussi basculer sur le côté.

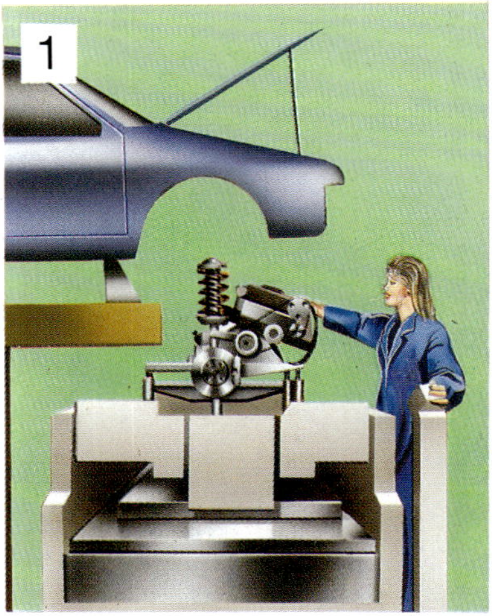

Cela facilite le travail des ouvriers chargés de fixer des éléments tels que le réservoir ou le pot d'échappement. À la fin, la voiture est essayée par des conducteurs, avant d'être mise en vente.

Connais-tu le nom de ces différentes pièces ?

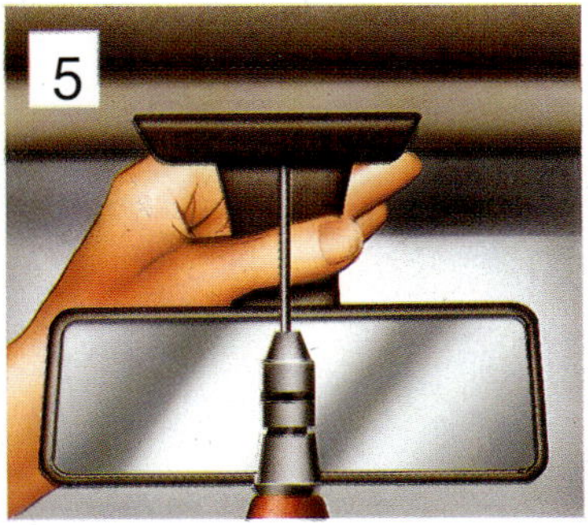

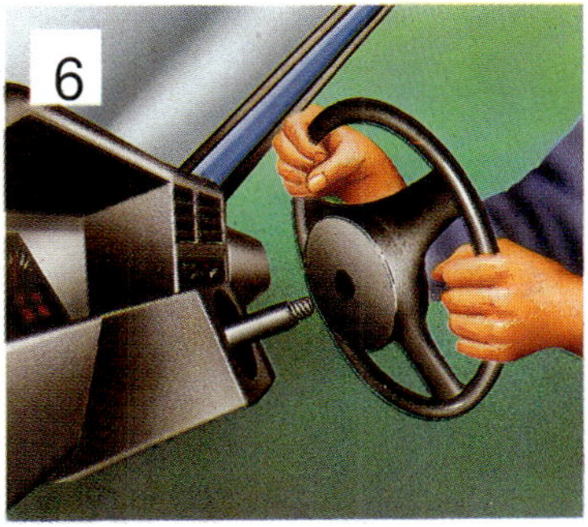

Un gratte-ciel

Architectes et urbanistes dessinent les plans d'un nouveau gratte-ciel.

Le projet est ensuite présenté aux ingénieurs de l'entreprise chargée de la construction, à l'Administration, qui devra vérifier s'il est conforme au plan d'urbanisme de la ville, puis aux habitants du quartier

Des maquettistes fabriquent un modèle réduit du gratte-ciel.

Sur le site, des géomètres effectuent des mesures et, afin de connaître l'état du terrain, des ingénieurs réalisent des forages dans le sol. Les vieux immeubles sont démolis à coups de masse, et les gravats sont dégagés par des bulldozers.

Un chantier

Dès que le site a été dégagé, de puissantes foreuses creusent des fossés dans le sol.

Des parois de béton armé y sont coulées pour servir de fondations à l'immeuble. On peut alors monter l'armature en acier, sur laquelle seront assemblés murs et fenêtres.

Les travaux vont ensuite commencer à l'intérieur de l'immeuble.

Qui l'a fait ?

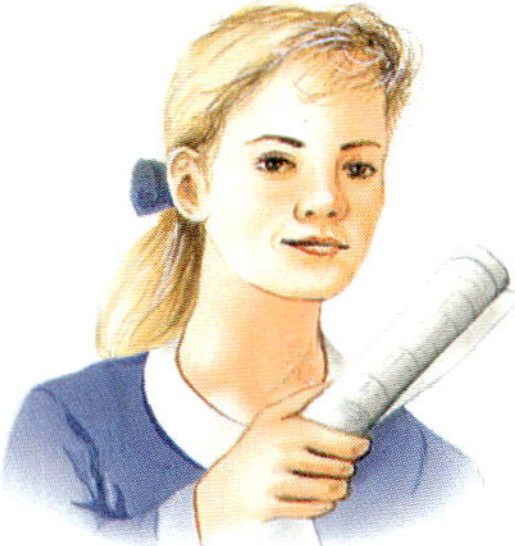

l'architecte

l'ingénieur

le géomètre

les ouvriers du bâtiment

Des centaines de personnes et des mois de travail sont nécessaires à la construction d'un gratte-ciel.

le grutier

le plombier

l'électricien

les charpentiers

le décorateur

le jardinier

Mais les impératifs sont les mêmes que pour fabriquer un vélo : élaborer avec soin le projet, trouver les outils, les matériaux et les machines nécessaires, puis effectuer des tests de contrôle.

Sais-tu que...

Les presses d'imprimerie peuvent produire plus de deux millions de timbres à l'heure.

Les pièces « en argent » sont en fait fabriquées à partir d'un alliage de cuivre et de nickel.

Une voiture de tourisme est constituée de plus de 20 000 éléments.

Les Sears Towers sont le plus haut gratte-ciel du monde. Situées à Chicago, elles mesurent 443 mètres et ont 110 étages...

Cherchons de A à Z

Acier 16 à 18, 66-67, 86-87, 110, 117
aciérie 66
aimant 86
alliage 105, 120
animal 12, 57, 61, 94-95
arachide 44, 72
arbre 74, 84
architecte 114, 118
argile 80, 82, 92-93, 109
arracheuse 44
artisan 13, 76, 90
artiste 102, 104
avoine 53

Beurre 60
blé 48-49, 53
bobine 24, 85
bois 74 à 81, 84, 109
boisson gazeuse 64-65
boîte 63, 68 à 70
boulanger 52
boulangerie 49 à 51, 72
bouteille 59, 68-69, 89
bûcheron 74
bulldozer 115

Cacahuète 12, 44 à 47, 72
cadreur 95
calcin 88
camion 100
camion-citerne 58
canette 65 à 67, 86-87
cargo 63
carton 55, 59, 69
céréales 54-55
chaîne de montage 19, 111, 112
chaise 76, 78-79
chalutier 70
chameau 42, 61
chantier 115, 116
charpentier 119
chaussure 36 à 39
chèvre 42, 61
chocolat 60
ciré 34-35

coin 104, 106
colle 39, 79, 83
conserve (boîte de) 72, 86
contrôleur 39, 106
corn flakes 54
coton 22 à 24
coupeur 91
crayon 75, 78, 80 à 83, 100
crème 60
crème glacée 60
cueilleur 64, 72, 90

Décorateur 119
derrick 33
designer 14

Eau 41, 45, 50, 65, 85, 98
électricien 119
éleveur 57
emballage 68-69
émission 94, 97
enquêteurs 14, 108
équipe (de tournage) 95, 96
étiquette 25, 30-31, 36

Fabricant 14, 86
farine 49, 50, 52-53
fer 66
ferme 44, 58
fermier 23, 28, 42, 44, 54
ferraille 86-87
fil 24, 27, 28, 36, 42
filature 24, 28
filet 70
film 94 à 97
flan 105, 106
fondations 117
four 50, 52, 88-89, 93, 100, 105, 106
frappe 104, 106
fromage 60
fruit 23, 64

Géomètre 115, 118-

grain 48-49
graphiste 14
graphite 80 à 82
gratte-ciel 12, 114, 119, 120
grutier 119

Habit 29
haut-fourneau 66
hôtel de la Monnaie 104

Immeuble 12, 115, 117
imprimeur 103
ingénieur 69, 108, 114-115, 118
ingénieur du son 95, 97
ingrédients 50, 65, 99

Jardinier 119
jeans (paire de) 22, 24, 30, 42

Kimono 29

Laine 26-27, 42
lait 56 à 61, 72
laiterie 58
lama 42, 61
levure 50, 52

Machine 13, 18 à 20, 24, 41, 46, 63, 65, 103, 104, 119
maïs 53, 54, 98
manioc 53
maquette 109
matériau 13, 16, 18, 66, 68, 86 à 88, 109 ,119
menuisier 76 à 79
métal 18, 39, 77, 87
métier à tisser 24, 28
meunerie 49
mine 66
mineur 81
mixage 97
modèle 15, 27, 114
moissonneuse-batteuse 23, 48
monteur 96-97, 112
montre 40 à 42

moule 39, 89
mouton 26, 42, 61

Nourriture 12, 43

Orange 64
ordinateur 41, 108, 110
orge 53
outil 13, 77 à 79, 119
ouvrier 19, 41, 42, 46

Pain 48 à 53, 72
papier 25, 68, 75, 84-85, 87, 100, 103
papyrus 100
paquet 12, 55, 68
paraison 89
pasteurisation 59
pâte (pain) 50
(papier) 82, 84
(verre) 91
pâte dentifrice 98-99
pâton 50
patron 22, 25
peinture 19, 111
pétrole 33
pétrolier 33
pièce (de monnaie) 104-105, 107
plastique 16, 32 à 36, 39, 59, 68, 87
plombier 119
poisson 70 à 72
poisson pané 69, 72
pot 89
potier 92-93, 100
présentateur 95
presse (à emboutir) 110
(à imprimer) 103, 120
(monétaire) 106
produits chimiques 33, 34, 84
projet 15, 114
prototype 15, 20, 109
PVC 33, 34

Raffinerie 33
réalisateur 94-95
recycler 86-87
renne 61

repérages 94-95
riz 53
robot 13, 110-111
roue 19, 100

Sachet 55, 68-69
sari 29
scierie 75
seigle 53
sel 50, 55
silo 49
soie 28-29, 42
soudure 18, 110
souffleur 90-91
studio de télévision
96-97
sucre 55, 65

Tasse 92-93
teindre 24, 27, 28
test, testé 13, 58, 119
thé 62-63, 72
timbre 102-103, 120
tissu 22, 24-25, 28, 30
toison 26
tondeur 42
tour 92
tournage 94 à 96
tricot 27

Urbaniste 114
usine 13, 17 à 20, 28,
34, 44 à 46, 55, 63,
65, 71, 84, 87, 100

Vache 56-57, 72
vélo 14 à 20, 119
ventouses 51, 111
ver à soie 28-29, 42
vernis 93
verre 40, 59, 68, 87 à 91
vêtement 12, 22, 35
voiture 86, 108 à 113,
120

Yack 42, 61
yaourt 60